*Para*

*com votos de paz.*

DIVALDO FRANCO
pelo Espírito JOANNA DE ÂNGELIS
&
CLÁUDIO SINOTI
IRIS SINOTI

# EM BUSCA DA ILUMINAÇÃO INTERIOR

Salvador
1. ed. – 2024

COPYRIGHT © (2017)
CENTRO ESPÍRITA CAMINHO DA REDENÇÃO
Rua Jayme Vieira Lima, 104
Pau da Lima, Salvador, BA.
CEP 412350-000
SITE: https://mansaodocaminho.com.br
EDIÇÃO: 1. ed. (4ª reimpressão) – 2024
TIRAGEM: 1.000 exemplares (milheiro: 9.800)
COORDENAÇÃO EDITORIAL
Lívia Maria Costa Sousa

REVISÃO
Adriano Ferreira ·
Lívia Maria C. Sousa
Manoelita Rocha
CAPA
Cláudio Urpia
EDITORAÇÃO ELETRÔNICA
Ailton Bosco
COEDIÇÃO E PUBLICAÇÃO
Instituto Beneficente Boa Nova

PRODUÇÃO GRÁFICA
LIVRARIA ESPÍRITA ALVORADA EDITORA – LEAL
E-mail: editora.leal@cecr.com.br
DISTRIBUIÇÃO
INSTITUTO BENEFICENTE BOA NOVA
Av. Porto Ferreira, 1031, Parque Iracema. CEP 15809-020
Catanduva-SP.
Contatos: (17) 3531-4444 | (17) 99777-7413 (WhatsApp)
E-mail: boanova@boanova.net
Vendas on-line: https://www.livrarialeal.com.br

Dados Internacionais de Catalogação na Publicação (CIP)
(Catalogação na fonte)
BIBLIOTECA JOANNA DE ÂNGELIS

| F825 | FRANCO, Divaldo Pereira. (1927) |
|---|---|
| | *Em busca da iluminação interior*. 1. ed. / Pelo Espírito Joanna de Ângelis [psicografado por] Divaldo Pereira Franco, comentários por Cláudio Sinoti e Iris Sinoti. Salvador: LEAL, 2024. |
| | 248 p. |
| | ISBN: 978-85-8266-182-6 |
| | 1. Espiritismo 2. Psicologia 3. I. Franco, Divaldo II. Sinoti, Cláudio III. Sinoti, Iris IV. Título |
| | CDD: 133.93 |

Bibliotecária responsável: Maria Suely de Castro Martins – CRB-5/509

DIREITOS RESERVADOS: todos os direitos de reprodução, cópia, comunicação ao público e exploração econômica desta obra estão reservados, única e exclusivamente, para o Centro Espírita Caminho da Redenção. Proibida a sua reprodução parcial ou total, por qualquer meio, sem expressa autorização, nos termos da Lei 9.610/98.
Impresso no Brasil | Presita en Brazilo

# SUMÁRIO

*Apresentação – Joanna de Ângelis*      **9**
*Doce Cancioneiro da Alegria – Joanna de Ângelis*      **13**

**1 REFLEXÓES SOBRE A *SOMBRA***      **17**
Reflexóes sobre a *sombra* – Joanna de Ângelis      17
Recuperando o nosso tesouro – Cláudio Sinoti      20
O outro táo difícil de amar – Iris Sinoti      25

**2 COMPORTAMENTO CONFLITIVO**      **33**
Comportamento conflitivo – Joanna de Ângelis      33
A face oculta dos conflitos – Cláudio Sinoti      36
Conflitos: o convite para trilhar uma nova estrada – Iris Sinoti      39

**3 O ESPÍCULO DA CULPA**      **45**
O espículo da culpa – Joanna de Ângelis      45
A redençáo da culpa – Cláudio Sinoti      48
Culpa: uma desobediência necessária – Iris Sinoti      52

**4 PROVAS E EXPIAÇÓES**      **59**
Provas e expiações – Joanna de Ângelis      59
Resistência à mudança – Cláudio Sinoti      62
Quando a vida vira pelo avesso – Iris Sinoti      66

**5 HONORABILIDADE**      **71**
Honorabilidade – Joanna de Ângelis      71
O aprendizado da ética – Cláudio Sinoti      74
Os novos deuses do Olimpo – Iris Sinoti      79

**6 SILÊNCIO PARA OUVIR DEUS**      **85**
Silêncio para ouvir Deus – Joanna de Ângelis      85
O Templo Interior – Cláudio Sinoti      88
Homem: o templo sagrado de Deus – Iris Sinoti      92

**7 PSICOTERAPIA DO ESFORÇO PESSOAL**      **101**
Psicoterapia do esforço pessoal – Joanna de Ângelis      101
Terapia centrada no ser integral – Cláudio Sinoti      105
A psicoterapia da vontade – Iris Sinoti      110

## 8 DESCONTENTES ... 117
Descontentes – Joanna de Ângelis ... 117
O complexo de vitimização – Cláudio Sinoti ... 120
A Estrada de Tijolos Amarelos – Iris Sinoti ... 124

## 9 CEGUEIRA ... 133
Cegueira – Joanna de Ângelis ... 133
Os olhos da alma – Cláudio Sinoti ... 136
O essencial – Iris Sinoti ... 142

## 10 DESAFIOS À FÉ ... 149
Desafios à fé – Joanna de Ângelis ... 149
Religiosidade: ponte para o Divino – Cláudio Sinoti ... 153
O caminho da alma – Iris Sinoti ... 158

## 11 EM SERVIÇO MEDIÚNICO ... 167
Em serviço mediúnico – Joanna de Ângelis ... 167
Escutando as estrelas – Cláudio Sinoti ... 171
O sentido do mistério – Iris Sinoti ... 175

## 12 ESPERANÇA E CONFORTO ... 183
Esperança e conforto – Joanna de Ângelis ... 183
A arte de saber esperar – Cláudio Sinoti ... 186
A escada para uma vida simples e extraordinária – Iris Sinoti ... 190

## 13 TRANSITORIEDADE ... 197
Transitoriedade – Joanna de Ângelis ... 197
O verdadeiro poder – Cláudio Sinoti ... 200
Respeitável público! – Iris Sinoti ... 205

## 14 GLÓRIA IMARCESCÍVEL ... 213
Glória imarcescível – Joanna de Ângelis ... 213
Entre Jesus e Barrabás – Cláudio Sinoti ... 216
O remédio amargo – Iris Sinoti ... 221

## 15 NATAL INESQUECÍVEL ... 229
Natal inesquecível – Joanna de Ângelis ... 229
A manjedoura interior – Cláudio Sinoti ... 232
Ele nasceu! – Iris Sinoti ... 237

## REFERÊNCIAS ... 243

# DIVALDO FRANCO
PELO ESPÍRITO **JOANNA DE ÂNGELIS**

## CLÁUDIO SINOTI & IRIS SINOTI

# EM BUSCA DA ILUMINAÇÃO INTERIOR

# EM BUSCA DA ILUMINAÇÃO INTERIOR

No Mito de Édipo é narrado que, andando pela estrada que levava a Tebas, o jovem sonhador encontrou-se com a Esfinge, que atemorizava os viajantes mediante uma interrogação enigmática.

Bem poucos convocados logravam dar a resposta correta, selando com a morte o próprio destino. No entanto, aqueles que decifravam a questão eram anatematizados pela maldição que lhes era imposta pela destruidora de vidas.

Indagado com sarcasmo, Édipo respondeu corretamente, mas foi perseguido pela adversária que lhe vaticinou desgraças e atirou-se ao mar.

A psicanálise com propriedade interpreta o mito, no que se refere à união do estranho com a viúva do reino de Tebas, sem saber que o homem que matara durante uma discussão frívola na viagem era o rei e seu pai, casando-se e procriando com a genitora.

Ao descobrir a tragédia, Édipo cegou-se e permaneceu caminhando pela mesma estrada, conduzido suavemente pela filha.

Tratava-se do inditoso destino que os deuses lhe reservaram.

De alguma forma, a estrada de Tebas é a experiência carnal evolutiva, a Esfinge pode ser considerada como os desafios existenciais, suas bênçãos e desaires, diante dos quais não poucos tombam por exaustão nos pélagos vorazes do desespero...

Escrevendo a própria história mediante os atos, deambula o ser humano entre as sombras da ignorância, embora supondo-se astuto suficiente para burlar as Leis.

A maioria, cega pelo orgulho e pela insensatez, deixa-se arrastar pelas mãos rudes dos acontecimentos, sem a direção segura do porto no qual encontra amparo.

A sociedade hodierna interpretou grandes enigmas do macro assim como do microcosmo, sem a sabedoria para palmilhar o caminho com os valores morais que libertam. E vemos as multidões desvairadas na alucinação do prazer exaustivo do corpo com imenso vazio existencial dos sentimentos.

Aborda-se a problemática da existência com leveza, como se todo o investimento moral não devesse ser penetrado pelo intelectual, produzindo a harmonia do comportamento.

A onda das paixões aumenta o volume, e irrompem no bojo das comunidades as exóticas e perturbadoras condutas, a fim de proporcionar emoção, mediante os esportes radicais, os grupos suicidas, os aglomerados enfermiços nos clãs selvagens em que a morte é a grande vitoriosa com a sua coroa de glória e agressividade.

Desestruturada, a família diluiu-se em grupos malsucedidos no lar, fugindo do clã para desfrutar as dores em que resfolegam sob o estigma da degradação moral.

...E o mundo sucumbe sob os tóxicos do ódio, da libertinagem, das ambições descabidas, das paixões insaciáveis.

Há desespero em toda parte a clamar pela esperança de paz, e mutilações de almas ansiando por um pouco de alegria.

O desfile dos inditosos confraterniza com os grupos dos desiludidos, e todos se embriagam na ilusão que os entorpece ou enlouquece.

Certamente há exceções brilhantes que sustentam a flama do amor e da beleza com o combustível do sacrifício e da entrega ao bem e à verdade que ainda triunfam no caos.

A fé religiosa trôpega e a ética social fraca e negada facultam a desenfreada conduta das massas aturdidas que clamam por direitos e atendimento de necessidades fundamentais.

Tem-se a impressão de que a desordem estabeleceu-se e nada mais resta fazer...

Nesse caldo de cultura envenenada brota a lua da imortalidade, dando ensejo à mudança que vem operando simultaneamente no planeta.

Há vidas apostolares e demonstrações de amor que ultrapassam o campeonato da perversidade.

Brilha a esperança em milhões de vidas que confiam na Divindade.

No terrível inferno dos sofrimentos surge uma primavera de bênçãos, mediante a ação dos Espíritos nobres sempre vigilantes e em ação de amor e caridade.

A Lei de Progresso é inalienável, fatalidade que nada ou ninguém pode impedir.

O ser humano procede da Divina Luz e avança para ela.

Fazê-la ampliar a sua capacidade de iluminação é dever de toda consciência que desperta para o nível de si mesma, superando as investiduras que a tentam impedir.

Ilumina-te!

Reunimos neste modesto livro algumas páginas de abordagem ampla e variada sobre a existência humana.

Convidamos dois estudiosos da psique humana para comentar os nossos textos com os lances abancados da Psicologia Moderna.

Nossa tríade apresenta cuidadosas experiências selecionadas e colocadas sobre alicerce do amor e do Espiritismo para facilitarmos a vivência dos nossos apontamentos.

Reconhecemos que nada trazem de especial, mas se unem no contexto em que se apresentam com harmonia e caráter terapêutico para as enfermidades da época.

Contando com a paciência e a reflexão dos leitores que nos honrarem com a sua leitura, suplicamos a Jesus, o Sublime Terapeuta, que nos abençoe e guarde na conquista da luz libertadora.

Salvador, 22 de agosto de 2017.

*Joanna de Ângelis*

# Doce Cancioneiro da Alegria

Quando estiveste na Terra, tudo era sombra.

A guerra entre as cidades espalhava o terror. A dominação arbitrária da Igreja deixava os corações em angústia. A criatura humana era atirada no rodamoinho do tempo sem qualquer direito.

Louvava-se a Deus cantando-se hinos nos coros das catedrais e reduzindo à miséria máxima os camponeses e o poviléu.

Havia bondade e misericórdia em alguns corações. Nada obstante, era o ódio, era o poder que governavam os destinos humanos.

E na imensa noite medieval, tu chegaste, Luminosa Estrela, e banhaste de suave claridade os céus terríveis da Humanidade.

O teu canto não era melancólico nem triste e, por isso, passaram a chamar-te Irmão Alegria.

As criaturas que haviam perdido a direção de Deus eram atraídas pela tua voz, sobretudo pelas canções incomparáveis do teu exemplo.

Rejuvenesceste a velha Assis e fizeste que a melodia dúlcida da tua palavra descesse ao imenso planalto, tornando a Úmbria a região da esperança e do amor.

Tomaste pedras para erguer o templo dedicado ao Senhor, mas não era uma igreja a mais que Ele desejava. Era o santuário íntimo que se constrói no altar dos sentimentos. Era a autoiluminação fazendo que os indivíduos transformassem-se em focos de luz para que nunca mais predominasse a treva, nem o medo, nem o desespero.

Soubeste ser a esperança, a misericórdia, a paz. E em todos os lugares exaltaste a humildade, a paciência e a pobreza.

Oh! Abençoado Irmão Alegria!

Oitocentos anos depois os seres humanos te olvidaram conforme havia sucedido com Aquele a quem tu imitavas.

O horror tomou conta da Terra.

Tu ajudaste o renascimento das artes, da literatura, da beleza, mas os instintos e paixões asselvajadas predominaram nos séculos que te sucederam, e a pobreza da tua casa na Porciúncula transformou-se em um altar de grande extravagância e de poder terrestre.

Estes são dias de glória e de decadência.

O poder arbitrário e asselvajado esmaga os filhos do Calvário, e a tua voz chega ao nosso coração, de quebrada em quebrada, repetindo as Bem-aventuranças de Jesus.

Dedicaste a todas as criaturas a homenagem do teu amor, e muitas nem sequer detiveram-se para ouvi-la.

Mas agora, quando o sofrimento atinge o seu índice mais elevado, embora a criatura desnorteada tropece pelos caminhos difíceis da loucura, queremos ouvir-te cantar outra vez, Irmão Alegria.

Balsamiza nossas feridas com a tua dúlcida voz, ajuda-nos a servir e amar como tu fizeste. Enriquece-nos da luz do Altíssimo para que nenhuma sombra nos dificulte o passo.

Tu, que tens a grandeza de ser o imitador perfeito de Jesus, ensina-nos a ser o seguidor, com as imperfeições nossas, dos teus passos triunfantes na busca da glória celeste.

Oh! Pai Francisco, sublime cantor da alegria, mesmo quando a dor asfixia e leva ao desespero, ouve-nos e deixa-nos escutar-te a doce palavra da esperança, para que sejamos fiéis até o momento último da comunhão contigo.

Abençoa-nos, Pai Francisco, na grande noite que se abate sobre a Humanidade.

*Joanna de Ângelis*

---

Página psicofônica recebida pelo médium Divaldo Pereira Franco em 17 de julho de 2017, em Assis, na Itália.

*Trabalhar o esforço íntimo pelo aprimoramento moral, resolver-se por desmascarar a sombra e eliminá-la com a luz do conhecimento lúcido são os mecanismos saudáveis para os resultados terapêuticos almejados.*

...

*Joanna de Ângelis/Divaldo Franco*

# 1

# REFLEXÕES SOBRE A *SOMBRA*

*Reflexões sobre a* **sombra** – *Joanna de Ângelis*
*Recuperando o nosso tesouro* – *Cláudio Sinoti*
*O outro tão difícil de amar* – *Iris Sinoti*

### *Reflexões sobre a* **sombra**
(*Joanna de Ângelis*)

A pós a descida ao poço da depressão que lhe abriu as portas do entendimento profundo a respeito da existência, Jung adotou o conceito dos arquétipos, mediante a utilização da palavra usada por alguns cristãos primitivos, entre os quais Santo Irineu.

Ao abrir o leque de legítimas concepções em torno do ser humano, encontrando denominações para os muitos conflitos que o aturdem e infelicitam, deu um grande destaque à *sombra*, que ocupa um lugar de alta significação na sua Psicologia Analítica.

A *sombra* não é apenas o que se encontra nos arquivos do inconsciente e que responde por muitos dos conflitos que aturdem o ser humano, mas é o aguilhão que gera desconforto ao bem-estar, que produz instabilidade aos valores conscientes, e, quase sempre, conduz elementos que fazem parte das tradições culturais e das construções egoicas.

De igual maneira, constata-se que no inconsciente, área em que se refugia a *sombra*, não se encontram somente as heranças do mal, os instintos agressivos, mas também valores positivos que facultam ações nobilitantes e respondem pela criatividade, pelas tendências artísticas, assim como de outros conteúdos.

Não será no ato de reconhecer a *sombra* que a vida do indivíduo se transformará a toque de mágica e que tudo se modificará para melhor, isso porque se encontra ínsita em todos os comportamentos, nas realizações, mesmo aquelas de mais elevado teor.

Cada ser é portador da sua *sombra individual*, que possui todas as suas características, faz parte da *coletiva*, que também se expressa quando as circunstâncias assim lhe permitem.

Graças ao Espiritismo, pode-se compreender com facilidade todo o vigor da *sombra* na existência humana, recorrendo-se ao impositivo das reencarnações, em cujas vivências foram praticados atos reprocháveis ou primários do instinto, mas também sociáveis e relevantes, que se arquivaram nos painéis delicados do *Self.*

A maioria, portanto, dos conflitos que tem origem na *sombra* possui as suas raízes na teia vigorosa do passado espiritual de cada ser que ressuma no *Self* atual de maneira severa.

Outras censuráveis ocorrências psicológicas e morais que foram recalcadas naquelas anteriores oportunidades ressurgem inesperadamente, impõem-se ao *ego* e o levam a deslizes e condutas perturbadores, alienantes.

Pergunta-se com base na lógica o porquê de pessoas boas praticarem atos maus, demonstrando insensatez, volúpia e violência, e a resposta encontra-se na *sombra* perversa, que é a responsável.

É natural que o *Self* deseje esmagar o *ego*, a fim de anular os arquétipos doentios que exterioriza.

Esse comportamento, porém, resulta inócuo, quando não prejudicial, em razão de um fenômeno natural que estabelece como legítimo, porque tudo aquilo que é recalcado sempre volta com mais força e se impõe com necessidade inadiável de uma catarse libertadora.

O enfrentamento do *Self* com a *sombra* deve ser, inicialmente, o da sua identificação, para depois proceder ao processo de diluição do seu impositivo.

Trabalhar o esforço íntimo pelo aprimoramento moral, resolver-se por *desmascarar* a *sombra* e eliminá-la com a luz do conhecimento lúcido são os mecanismos saudáveis para os resultados terapêuticos almejados.

O apóstolo Paulo, cujo vigor moral é inconteste, escreveu aos romanos, no capítulo 7, versículos 19 e 20: "Pois não faço o bem que quero, mas faço o mal que não quero, esse pratico. Mas se eu faço aquilo que não quero, já não sou eu o que faço, mas sim o pecado que em mim habita".

Esta é uma demonstração clara de que o *pecado* nele era a herança de algo que o impelia, latente, portanto, procedente de experiência anterior, que identificava como dentro do conceito formalista da cultura religiosa do seu tempo.

Ao identificar a *sombra*, *o pecado,* em predomínio em sua natureza humana, rendia-se-lhe, mas não lhe permitia dominá-lo, e esforçava-se por diluí-la, de forma a continuar no *bem que queria.*

Isso ocorre porque, nas suas máscaras, a *sombra* projeta no *ego* as ações do bem, sem que ele realmente saiba o de que se trata. Quando isso ocorre, aparece em manifestações graves, como complexo de poder, presunção, interesse pela retribuição, exigência de reconhecimento, disputas em batalhas renhidas e maldisfarçadas, em ciúmes...

O bem realizado em tais condições faz mal, porque indispõe os seus realizadores contra os outros, ou humilha os que pretendem auxiliar, gerando dificuldades e contendas nos relacionamentos.

A *sombra* é manifestação inconsciente dos arquivos do *Self,* que automaticamente surpreende, inclusive, o indivíduo que a projeta.

Quanto mais acuidade para discernir o bem do mal, mais ela torna-se indispensável para que a ação revestida, às vezes, de bons propósitos não se converta em perturbação e dano.

A *sombra* mistura-se ou expressa-se como libido afligente, qual acontecia com Santo Antão, que, na juventude, viu o busto desnudo de uma jovem escrava num poço e passou a ser açodado pelo desejo sexual. Posteriormente, ao tornar-se monge e buscar o refúgio no Monte Pispir, no Egito, para vencer a tentação, o *pecado*, não conseguia libertar-se da visão que procurava recalcar.

Atirava-se contra cardos pontiagudos em alucinada flagelação e sentia os *demônios* atormentando-o... Certamente esses *demônios* eram o normal desejo carnal que ele lutava por suprimir, ao ignorar a força e o impositivo biológico.

São João da Cruz viveu a longa *noite escura da alma,* até alcançar o *numen* pelo *Self* e autoplenificar-se.

Santo Agostinho de Hipona, que vivera experiências sexuais antes da sua conversão ao Cristianismo, pedia a Deus que o *tornasse casto, mas não imediatamente,* sob a força implacável da *sombra.*

A *sombra* permaneceu-lhe dominadora enquanto lutava contra a sua presença...

O autoconhecimento, que se deriva da autoanálise, contribui para que a *sombra* se transforme em instrumento de harmonia e satisfação no eixo *ego–Self,* sem tormentos nem castrações.

Graças à psicologia espírita, que estuda o ser antes da fecundação e depois da desencarnação, o *Self* passa a significar o ser real que transita por várias formas orgânicas conduzindo no seu inconsciente individual e coletivo as experiências vivenciadas em cada etapa até atingir o *estado numinoso.*

## *Recuperando o nosso tesouro*
### (Cláudio Sinoti)

O que você faria se ficasse sabendo que um grande tesouro por direito lhe pertence? O que faria se soubesse que alguém escondeu esse tesouro? E se esse alguém fosse muito próximo a você, qual seria sua atitude? Mas, e se porventura descobrir que foi você mesmo que fez isso, o que você fará?

De algum modo isso ocorre em nossas vidas, mais do que possamos perceber. Ao longo da existência, determinadas características e singularidades apresentam-se próximas da nossa vida consciente através de algum desejo, pensamento inesperado ou atitude espontânea. Por algum critério de escolha, influenciado pela família, pela coletividade, pela Religião ou mesmo por nossa própria limitação pessoal, senão por esses fatores conjugados, acreditamos que seria melhor manter distantes da nossa forma de ser certas características. Mas elas não deixaram de existir em nós, ficaram guardadas em uma parte escondida, comparada a um quarto escuro nos fundos da casa, no qual colocamos tudo que acreditamos não servir ao nosso dia a dia. O problema é que um dia esse quarto estará cheio, e tudo o que se encontrava guardado, agora deteriorado ou contaminado, irá começar a invadir a casa e ameaçar sua harmonia.

A *sombra,* de certa forma, também é assim, sendo aquela parte que contém conteúdos reprimidos e esquecidos, de forma proposital ou mesmo despercebidamente, mas que preferimos manter distantes de nós. Contudo, o que se encontra "escondido" não deixa de existir e interfere em nossas vidas à revelia da consciência, normalmente de forma destrutiva, porquanto traz à tona energias e conteúdos com os quais não estamos preparados ou acostumados a lidar.

Mas será que, daquilo que foi reprimido, podemos extrair algo positivo? Essa questão perturba muitas pessoas, pois o importante trabalho com a *sombra* normalmente traz consigo muitas resistências. É doloroso lidar com aquilo que rejeitamos em algum momento, se não existir maturidade e vontade firme para tal.

Imaginemos um garotinho, de quatro ou cinco anos de idade, que passou a manhã brincando com os colegas da escola. Era um dia chuvoso, o parque estava enlameado, e por isso mesmo a roupa desse garoto ficou bem suja, e o seu sapato também. Ele volta para casa andando com um colega, acompanhado da mãe deste. Bem perto de casa ele vê uma flor, despede-se do amigo e se alegra ao pensar que poderá presentear sua mãezinha. Pega a flor com muito cuidado, pois ele achou tão bonito quando viu em um filme uma mãe recebendo flores. Ele ama sua mãe, e aquela flor, de certa forma, representa seu sentimento.

Naquela manhã sua mãe passou horas limpando a casa. A diarista não apareceu na residência e sequer teve o cuidado de avisar, e, com o marido viajando, tudo ficava por sua conta. A casa estava bastante suja. Ela tinha que correr antes do filho chegar, pois com ele em casa seria mais difícil limpá-la. E ainda tinha que preparar o almoço...

Tente pensar nesse menino abrindo a porta de casa com a flor na mão, imensamente feliz porque dará à mamãe uma flor que a fará feliz... Infelizmente a mamãe está com outro pensamento em mente, sua cabeça só pensa na limpeza da casa e no almoço por fazer, e, ao ver a porta abrir, ela não enxerga a flor na mão do garoto, nem mesmo seu filho, mas somente a sujeira que acaba de entrar em sua casa recém-limpa. Grita e briga com o garotinho, que nada entende daquilo que acaba de viver, apenas chora e cala fundo uma emoção, que não sabe explicar...

Essa cena, adaptada da experiência relatada em uma sessão terapêutica, que não é difícil de imaginar nem de ocorrer, poderá ser o suficiente para que a expressão do afeto deixe de ser algo natural para aquele garoto, que provavelmente se tornará mais tímido ou reservado em manifestações do sentimento, senão extremamente frio e indiferente. Esse menino poderá ter graves problemas se não cuidar dessa ferida, pois construiu, a partir da experiência, uma falsa premissa de que manifestações de afeto são dolorosas. Sua *sombra* conterá uma das expressões mais poderosas, senão a mais poderosa, que costumamos chamar de amor.

E quantas pessoas viveram ou ainda vivem sob falsas verdades, como as que dizem que homem não chora, homem não abraça homem, homem não tem medo; ou que a menina não deve se arrumar muito para não chamar a atenção, etc., que deixaram marcas por toda uma vida? Como esclarece James Hollis,[1] "essas feridas, bem como as várias reações inconscientes adotadas pela criança interior, tornam-se fortes determinantes da personalidade adulta".

Seja afeto, raiva, medo ou qualquer forma de expressão de sentimentos que se encontre na *sombra*, ou mesmo aptidões que julgamos inadequadas em determinado momento da vida, tudo isso se constitui em nosso tesouro escondido, que necessita participar do ser que somos, sob o risco de vivermos uma vida parcial e limitada, comparada à que podemos ter. Mas como podem o medo ou a raiva, normalmente vistos como negativos, se guardados na *sombra,* ser considerados tesouros?

É preciso recordar que todas as emoções têm seus papéis e importância psíquica, e, além de servirem para nossa sobrevivência e adaptação, possibilitam a expressão da nossa forma de ser. O problema não é ter raiva, pois ela pode conduzir a uma indignação positiva, a uma atitude transformadora; o problema é canalizá-la de forma destrutiva, ou

---

1 – HOLLIS, James. *A passagem do meio: da miséria ao significado da meia-idade.* São Paulo: Editora Paulus, 2004.

negá-la para tentar mostrar aos outros que somos uma "pessoa boa", que não entra em conflito com ninguém. O problema não é ter medo, pois que este funciona como um sinal de alerta para sobrevivência, um aviso para termos cautela. Porém, quando o medo nos paralisa, ou tentamos escondê-lo por trás de uma *persona* de invulnerabilidade ou coragem destemida, ele passa a atuar de forma negativa.

Essas duas expressões psíquicas – *sombra e persona* – atuam como opostos. Na *persona* colocamos tudo o que desejamos tornar aparente e evidente; na *sombra* escondemos tudo que não desejamos apresentar. Mas para ser uma totalidade, uma parte tem que se encontrar com a outra parte. A forma de ser e de se expressar na consciência deve ser rica o bastante para ter espaço para todas as peculiaridades que marcam a individualidade. Por isso que, ao negarmos a *sombra*, estamos negando a nós mesmos.

A conquista da maturidade e da consciência requer que revisitemos nossos quartos trancados e passemos a reintegrar tudo o que foi negado por um ou outro motivo. O trabalho não é destruir a *sombra*, mas a trazer para perto, conhecê-la e extrair dela toda a energia possível para tornar nossa vida mais rica e profunda. Lidar com a *sombra* não é trabalho fácil, às vezes muito doloroso, pois pode trazer lembranças que preferimos deixar esquecidas. No entanto, negar-se a esse desafio é deixar que o peso negativo dessas questões permaneça sempre vivo em nossa psique, e ao tentar fugir da dor, damos a ela mais forças.

O trabalho de integração da *sombra* requer alguns cuidados e atitudes que, sem o intuito de esgotar essa rica jornada, podemos resumir nas seguintes etapas:

1 – Estar atento às projeções, sejam "positivas" ou "negativas". Tudo aquilo que nos incomoda ou que chama muito a atenção normalmente diz respeito a aspectos que desconhecemos em nós, e por isso tornam-se tão perceptíveis nos outros. Sempre que surgir a identificação ou algum desconforto com a atitude de alguém, podemos nos perguntar: como se encontra esse aspecto em mim? Conseguiria expressar isso ou agir da mesma forma que o outro se comporta? E se eu reconhecer em mim que sou da mesma forma, como me sentirei?

2 – Rever a própria história e as crenças que conduziram à formação da personalidade. Sob quais aspectos fui educado? Que tipo de expressão não era aceita por minha família, sociedade, Religião etc.? São questões que podem auxiliar a perceber as crenças que nos cercaram e que de certa forma ajudaram a moldar a nossa forma de se expressar. Filhos criados por pais repressores, ou mesmo culturas e religiões castradoras, tendem a manter muitas expressões na *sombra*, o que tolhe o desenvolvimento da personalidade. Por isso que, além da revisão de crenças e valores que foram sendo adotados, será necessário ter coragem para romper com tudo o que não precisa mais fazer parte da vida.

3 – Permitir que a energia contida e esquecida comece a fazer parte da vida consciente. Seja um dom esquecido e almejado, seja uma nova profissão ou *hobby*, devemos abrir campo para participação em nossas vidas, independente da idade que tenhamos, pois sempre é tempo de aprender coisas novas e incluí-las em nossas vidas.

Em certa ocasião foi veiculado na imprensa o exemplo de uma senhora de 97 anos que acabava de se graduar em direito. Ela explicou que, enquanto casada, o marido colocava muitas restrições para que ela trabalhasse, mas agora se sentia livre para fazer o que quisesse. Quando o repórter perguntou se ela ainda pretendia exercer a profissão, respondeu com lucidez: "Sei que a minha idade não me dá muito prazo, por isso o que eu quero é ser útil a quem me procurar, compartilhar o conhecimento. Se não souber responder algo, oriento a pessoa a buscar quem saiba".[2]

O trabalho com a *sombra* é um exercício de autoaceitação, de resgate da nossa própria essência. Não devemos ficar presos à culpa ou tentar culpar alguém pelo que não realizamos, mas sim aceitar a tarefa que nos cabe, que é resgatar essas partes que precisam ser aceitas.

Possuímos em nossas mãos o mapa do tesouro escondido e esquecido, forças guardadas que necessitamos reativar em nossas vidas para

---

2. CHEREM, Carlos Eduardo. *Nunca é tarde para aprender: mulher de 97 anos se forma em direito em MG*. UOL Educação, 18 jul. 2014. Disponível em: <https://educacao.uol. com.br/noticias/2014/07/18/nunca-e-tarde-para-aprender-mulher-de-97-anos-se-forma- -em-direito-em-mg.htm>.

que se tornem mais intensas e profundas. O ser não pode alçar aos céus se não estiver com as raízes aprofundadas em si mesmo, e é na *sombra* do nosso ser, nesse recanto escuro e abandonado, que as raízes devem se alimentar e que a fagulha de luz da consciência deve ser acesa, para que nos tornemos um ser uno e total.

Talvez seja por isso que, demonstrando ser um profundo conhecedor da *sombra* humana, Jesus propôs com sabedoria: "E ninguém, acendendo uma candeia, a põe em oculto, nem debaixo do alqueire, mas no velador, para que os que entram vejam a luz".[3]

## *O outro tão difícil de amar*
### *(Iris Sinoti)*

Se existe um encontro inevitável, esse será com a *sombra*. Sempre que a porta de entrada para o inconsciente é aberta, a escuridão interior é percebida, e, com coragem ou não, mergulharemos nela. A escuridão é imensa, assustadora e devastadora!

Reprimimos uma grande quantidade de conteúdos e alguns outros não tiveram tempo nem espaço para se tornarem conscientes, e esses são motivos suficientes para a escuridão ter origem.

Existe uma terra muito fértil, encontrada na bacia amazônica, chamada "terra preta de índio". Essa terra tão fértil foi cultivada por nossos antepassados e sofreu todo tipo de ação da Natureza, o que deu origem ao carvão vegetal, seu elemento chave. Ela normalmente é encontrada próximo aos leitos de rios, o que a torna muito úmida, além de guardar um imenso depósito de material orgânico decomposto.

Mas, em que a Mineralogia e a Geologia podem ajudar na escuridão do ser? Assim como a "terra preta de índio", a escuridão do nosso ser é solo extremamente fértil e rico em material depositado por séculos, que é a nossa própria história; úmido como o ventre materno, ela é o chão ideal para o nascimento do homem novo, é a parte que se encontra em latência e que deve ser cultivada por nós. Nessa terra encontramos

---

3. Evangelho de Lucas, 11: 33.

toda a nossa história passada e também a futura, tudo o que fomos, tudo o que poderíamos ter sido e, ainda, tudo o que seremos e o que poderemos ser.

Penetrar na escuridão é ficar de frente com a nossa própria natureza reprimida. Emergem das catacumbas do nosso ser monstros que por muito tempo estiveram adormecidos, e não mortos, como talvez desejássemos. O inconsciente, simbolicamente, manda as mensagens através dos sonhos, e acordamos no meio da noite com medo, taquicardia, sudorese. Sonhamos com cadáveres, múmias, zumbis ameaçadores, monstros pré-históricos e outras figuras assustadoras. O que nem sabíamos que existia ressurge e reclama lugar em nossas vidas, reconhecimento.

Acreditamos que a convivência com o outro é sempre muito difícil e que as diferenças precisam ser bem administradas. Ouvimos sermões, cultos, palestras sobre o assunto, mas somente quando estamos frente a frente com as criaturas perversas e amorais que nos habitam, é que poderemos nos dar conta de que as lições que aprendemos devem ser para a convivência com a nossa totalidade. E como é difícil reconhecer a própria verdade obscura.

A proposta não é somente de um reconhecimento intelectual, "sim eu tenho *sombra*", mas a de nos tornarmos responsáveis por aspectos da própria natureza, por traços da personalidade que se mostram contraditórios ao nosso lado luminoso, que contaminam as nossas melhores intenções, que prejudicam os que amamos; essa é a escuridão que precisamos aceitar, porque ela existe. E se queremos aumentar a nossa luz, precisamos diminuir a escuridão.

Sem dúvida, essa é uma luta moral. Vasculhar o passado, sentir remorso são necessários no percurso para chegar até o arrependimento como parte do processo, pois assim se reconhece a responsabilidade na ação. A jovem que reclama atenção das amigas começa a ver seu poder de manipulação para ser bajulada. O homem que reclama do destempero do chefe reconhece sua ânsia de poder e tirania, ou ainda a avó que começa a sonhar com bruxas e reconhece o que fez aos filhos. Nossos sonhos começam então a montar os cenários de esquartejamentos, perseguições, prendemos pessoas em paredes, somos ladrões. Não queremos e não gostamos de ver quanto nos traímos e como usamos as pessoas por um longo tempo na vida.

E quanto mais nos adentramos na escuridão, maior a possibilidade de descobrirmos que fracassamos moralmente e que fomos o nosso próprio algoz; essa descoberta é difícil e muitas vezes termina por gerar outros problemas de cunho moral. Por mais que seja difícil reconhecer que se fez mal ao outro, assumir que foi injusto consigo mesmo aciona mecanismos de defesa do *ego*; assumir que não temos a vida que poderíamos ter, por nossa própria ação – nossas escolhas–, arranca-nos abruptamente do papel de vítima, mártir, mãe dedicada, pai protetor e tantos outros.

O próprio coletivo, com sua falsa moralidade, aplaude o que se chama de sacrifício: "Coitadinha", "que mãe dedicada e sofredora", "que mulher exemplar, sofre tanto". É preciso reconhecer que somos injustos, fazemo-nos mal e muitas vezes nos odiamos com a aprovação dos que estão a nossa volta, e isso acontece em todas as áreas da nossa vida, da família até os ensinamentos religiosos.

Crescemos acreditando que, *se somos bons, dedicados e pensamos primeiro nos outros, somos altruístas.* Porém, por incrível que possa parecer, se o indivíduo nega a própria *sombra*, para o inconsciente o "altruísmo" assim vivenciado se transforma em hipocrisia, pois *fazemos o bem e olhamos a quem,* em busca de reconhecimento. O que colhemos como resultado é o egoísmo disfarçado de altruísmo. A criança egocêntrica passa a comandar a vida do adulto que pensa poder controlar tudo, o complexo de poder e de superioridade lidera as relações humanas simplesmente porque nos proibiram de reconhecer o nosso próprio valor, então o outro terá que fazer. Transformamo-nos em tiranos, abafamos nossa potencialidade e a do outro, tudo porque se proibiu a crença em si mesmo e o amor-próprio. Preferimos viver no meio de egoístas e sermos um a ter que confrontar com nossa outra parte e sermos indivíduos inteiros.

O que estamos fazendo? Ou melhor, o que não estamos fazendo? Pode parecer duro demais, mas em algum momento precisamos enfrentar essa verdade. A falsa moral que construímos não tem espaço para alguém que tem amor-próprio, que acredita suficientemente em si e tem a certeza e firmeza em seus princípios para alcançar seu reino e dele tomar posse. No entanto, o que fazemos com aqueles que desenvolvem amor-próprio? Deixamos que o monstro da inveja entre em cena. Utilizando-se do disfarce do anseio de poder, que é pai da inveja, tentaremos impedir que o outro, a quem devemos amar, tenha ou conquiste o que não temos. Usamos as mais variadas justificativas, deixamos a *sombra* plantar na nossa terra e depois reclamamos da colheita.

"Meu Reino não é deste mundo"[4] – disse Jesus. Ele reconhecia o Seu Reino, mas nós não entendemos Suas lições, não as introjetamos em nossas vidas. "Eu sou a luz do mundo!"[5] – Ele nos garantiu que, se seguíssemos Seu exemplo, não andaríamos nas trevas, porque teríamos a coragem e a fortaleza moral para enfrentarmos a nossa escuridão.

Quando existe um compromisso moral consigo mesmo, surgem da escuridão aspectos pessoais que ainda não tinham tido chance de expressão. A culpa, presente em todo esse processo, não aparece só pelos feitos do passado, mas principalmente pelas potencialidades negligenciadas.

Para fins de exemplificação, pensemos no seguinte: Alice[6] é uma jovem mulher que buscou ajuda terapêutica após o término de seu casamento. Com o desenvolvimento terapêutico, ela foi ficando mais atenta aos seus conteúdos negligenciados, e os seus sonhos começaram a ser povoados pela figura de uma mulher nobre, filha de rei. Essa mulher, sempre que ia ser coroada, aparecia vestida em trapos como uma boneca de pano velha. Alice não reconhecia nenhuma das duas imagens em sua vida consciente, mas sabia que a boneca de pano frágil, gentil e bondosa se aproximava muito da imagem que ela representava na família, e por isso se negava veementemente a entrar em contato com a nobre mulher, pois para ela aquela figura ameaçava o que ela mais preservava: sua imagem de dependência e humildade.

Sempre existirão monstros que precisam ser enfrentados, sejam eles bonecas de pano, sejam nobres mulheres, ou, como nas façanhas de Hércules, estábulos imundos onde o herói desprendeu muita energia, ou ainda o leão das ambições, como foi, na mitologia grega, o Leão de

4. João, 18:36.
5. João, 8:12.
6. Nome fictício.

Nemeia. Esses seres horrendos, esses impulsos que são aparentemente indomáveis, precisam ser superados e ultrapassados. Caso contrário, cairemos em tentação pela sedução que eles exercem no *ego*: "Parece que estou dando voltas", "quando penso que mudei, vejo que estou fazendo a mesma coisa de sempre". Haverá sempre uma justificativa para cada queixa que se tenha da vida, e toda vez que se lhe atende, perde-se uma oportunidade de crescimento.

Trabalhar a *sombra* é trabalho moral, porque necessitamos reconhecer o que reprimimos, como a nossa vida funciona com essa repressão e como nos enganamos a partir delas, ou seja, precisamos descobrir o que maculamos ou mesmo mutilamos em nós. E, por outro lado, trabalhar a *sombra* é um problema de amor.

Quando tudo se revela, quando se descobre vivendo como uma boneca em trapos, é possível amar essa parte em si? Quando a vida se revela em ruínas, tudo desmorona por puro descuido, e reconhecemos uma parte destrutiva e perversa em nós; mesmo assim, é possível amar-se? Pregamos a caridade, mas quanta caridade conseguimos dedicar às nossas fraquezas e doenças da alma? Queremos uma sociedade justa e igualitária, mas permitiremos realmente isso, ou baniremos todos que ousem mostrar o que não conseguimos fazer? E a nossa sociedade interna é baseada no amor?

O amor é o bálsamo. Não falo do amor egocêntrico, porque este apenas fortalece o *ego,* que tentará manter-se alienado, falo de amar a pessoa que poderemos ser; fazer o mergulho e reconhecer, acolher, reconciliar-se e amar essas partes perdidas em nossa escuridão. Precisamos reconhecer nossas fraquezas, muitas delas enraizadas, que nos tornaram teimosos, cegos, mesquinhos e cruéis, arrogantes e hipócritas. Ao reconhecê-las, aproximando-as da consciência, tornar-nos-emos conscientes, percebendo a força que elas exercem e exerceram em nossas vidas. Assim, aprenderemos a escutar nossas necessidades internas, desenvolvendo a habilidade de amar até mesmo a mais insignificante e rejeitada parte do nosso ser.

Não mudamos o que não conhecemos; não acolhemos o que nos parece ameaçador e, consequentemente, não haverá reconciliação com o que não aceitamos como nosso. Essa postura dificulta em muito a tarefa de amar plenamente.

Amar a si mesmo é difícil justamente porque precisamos amar tudo, inclusive o que existe dentro de si, a *sombra*. Dedicar tempo e cuidado a essa parte também é amor; olhar para si dedicando o tempo necessário para ouvir-se, meditar, cuidar do corpo, parar o relógio externo... é amor. Acreditar que pode ser melhor, ter fé em si mesmo, manter a esperança na vida... é amor. Não envergonhar-se de ser como é e também não se permitir estagnar: é amor.

Assim como o samaritano da parábola, que carregou o homem em seu cavalo até a hospedaria, precisamos carregar a *sombra*, pois esse ato é o teste moral: essas partes são pesadas e intoleráveis, mas só poderemos mudá-las com aceitação amorosa. É uma luta e ao mesmo tempo um acolhimento.

Que tenhamos misericórdia com o homem abandonado em nós e que pouco a pouco possamos amar esse outro que é muitas vezes difícil de ser amado.

*O conflito de comportamento ante o que se tem experienciado e aquele a que se aspira faz parte do processo de crescimento e de equilíbrio espiritual, que é fundamental à vida feliz.*

•••

*Joanna de Ângelis/Divaldo Franco*

# 2

# COMPORTAMENTO CONFLITIVO

**Comportamento conflitivo** – *Joanna de Ângelis*
**A face oculta dos conflitos** – *Cláudio Sinoti*
**Conflitos: o convite para trilhar uma nova estrada** – *Iris Sinoti*

### Comportamento conflitivo

*(Joanna de Ângelis)*

É inevitável a dubiedade em questões deste porte.

O desafio para a transformação moral do indivíduo, a fim de tornar-se melhor, defronta nele mesmo a maior dificuldade, que é o hábito ancestral a que se encontra acostumado.

Hábitos arraigados que se fixaram nos refolhos do ser impõem a sua repetição, especialmente quando reforçados por novos condicionamentos.

Permanece a dificuldade entre viver Jesus e permanecer no mundo com as suas facécias.

Convencionou-se historicamente que vencedor é aquele que esmaga o opositor, e triunfador é aquele que atinge a glória, subindo ao pódio do destaque nas mais diversas áreas do comportamento humano. Para que essa meta seja alcançada, é indispensável ser conivente com o desrespeito aos valores éticos e morais aceitos ante as novas proposituras, exceção feita àqueles que se vinculam à dignidade e têm consciência dos retos deveres.

Nem todos, porém, que almejam os triunfos terrestres estão dispostos ao sacrifício do *ego*, sobrepondo as regras da conduta sadia às circunstâncias, aos conchavos, aos desregramentos, aos desvios que se impõem como necessários à vitória.

Nas labutas diárias que todos enfrentam, apesar dos códigos legais estabelecerem mecanismos de ordem e de respeito, tripudiando-se sobre eles, a astúcia e a doblez humana conseguem driblar o estabelecido, a fim de alcançar o poder, o destaque, a fama que constituem os objetivos a serem alcançados a qualquer preço. Mesmo a educação doméstica e formal, embora as experiências da evolução e as técnicas pedagógicas apuradas, anuem que se devem envidar todos os esforços para adquirir-se a respeitabilidade e o apogeu, embora os ilícios processos de que se utilizem. E desfilam os vitoriosos de um dia, soberbos e equivocados, desfrutando honrarias vãs que se diluem e desaparecem como bolas de sabão flutuando no ar...

Pais inescrupulosos, avaros e aturdidos, estimulam os filhos à ganância, ao prazer exorbitante, ao brilho enganoso nas manchetes da comunicação social, sem muita preocupação com o caráter e os sentimentos de dignidade.

Em consequência, estabelece-se o caos, a violência incendeia as paixões primárias e o crime corre à solta, enquanto se envilecem os padrões da honra e da austeridade moral.

A renovação espiritual, conforme os postulados de Jesus, apresenta como normativas básicas para a sua conquista o respeito ao direito alheio, a sadia fraternidade, a sujeição às leis, o trabalho edificante, o perdão à ofensa e todo um conjunto de regras baseadas no amor.

Antagônicas as duas doutrinas, a do poder e a do ser, terminam por gerar conflitos em todo aquele que opta pela alteração da conduta, em destaque na trajetória terrestre.

*O homem velho,* na expressão evangélica, vê-se aturdido ante o modelo do *homem novo,* ressuscitado na sublime experiência do bem.

Condicionamentos demoradamente fixados tornam-se uma segunda natureza implantada na emoção de todos indivíduos e os levam a assumir atitudes chocantes entre o que pensam e expressam nos atos.

Na historiografia das mulheres e dos homens estoicos da fé religiosa, com raríssimas exceções, sempre ocorreram conflitos entre os ideais assumidos e as más inclinações ameaçadoras.

Francisco, o *trovador de Deus,* não poucas vezes sofria os efeitos do caráter duro do pai, apaixonado pelas glórias transitórias, e a doce ternura da mãe, fascinada por Jesus e por João Batista, razão pela qual lhe dera o nome de Giovanni...

Embora houvesse, pelo sacrifício absoluto e renúncia ímpar, resgatar os arroubos da juventude alegre e folgazã – herança do pai rico e déspota –, imitando Jesus crucificado desde antes do martírio da cruz – herança da genitora afável e meiga –, surpreendia-se, vez que outra, em conflito, que logo superava a esforço hercúleo.

Imitando o Incomparável Mestre Jesus, deu à Humanidade o maior exemplo de fidelidade, dividindo os tempos da fé cristã em antes e depois da sua abnegada dedicação.

À semelhança do colégio galileu, do qual desertou Judas pela traição e pelo posterior suicídio, também ele experimentou o abandono de um querido amigo que se lhe vinculara, mas, não suportando os conflitos, fugiu e, atormentado, culminou vitimado pelo suicídio.

O conflito de qualquer natureza é sempre resultado de uma crise emocional que se instala, a fim de que ocorra a mudança de patamar comportamental para outro mais elevado.

Quando te sentires atraído para o erro, apesar do esforço na conduta correta, não te atormentes, racionaliza a emoção enfermiça e fixa-te no objetivo que abraças.

Quando venhas a sentir o deperecer das forças ante as facilidades para uma existência faustosa e prazenteira, em detrimento da austeridade e do equilíbrio, considera que toda e qualquer sensação logo passa, enquanto as emoções superiores enflorescem-se em incessantes alegrias de paz e de bem-estar.

Não te perturbes pelo fato de, apesar dos esforços para o comportamento saudável e nobre, sentires os impulsos quase irresistíveis das más inclinações, por seres humano e estares sob o jugo do fardo carnal.

Apesar de tudo proceder do Espírito que se é, o impositivo orgânico exerce vigorosa pressão para a satisfação dos desejos acumulados.

Nesses momentos, recorre à oração como mecanismo de resistência e rompe as amarras com o passado, fruindo, a partir desse momento, as inefáveis emoções que vivenciarás para sempre.

O conflito de comportamento ante o que se tem experienciado e aquele a que se aspira faz parte do processo de crescimento e de equilíbrio espiritual, que é fundamental à vida feliz.

Avança com segurança pela trilha nova e, a cada passo dado, mais próximo estarás da meta buscada: o Reino dos Céus, que já se te está instalando no próprio coração.

### *A face oculta dos conflitos*
*(Cláudio Sinoti)*

*Somos vividos por poderes*
*que fingimos compreender.*[1]

Na rica simbologia dos mitos gregos, encontramos a presença de uma Esfinge que amedrontava a cidade de Tebas. Segundo as tradições, teria sido enviada pela deusa Hera, em punição a Laio, pai de Édipo. A Esfinge, após dizer "decifra-me ou devoro-te", lançava um enigma que, se não fosse desvendado, fazia com que, diariamente, um jovem de Tebas perdesse a vida. E, segundo as mesmas tradições, foram muitos os devorados por ela.

De certa forma, os comportamentos conflitivos apresentam-se tais como *Esfinges*, que, enquanto não são decifradas, permanecem nos devorando dia a dia. É que o conflito que surge no comportamento, apresentando-se no campo da consciência, pode ser visto como o representante simbólico de algo muito mais profundo, que tem raízes fincadas no inconsciente. E quanto maior a força sombria vinculada ao comportamento destrutivo, maior se apresenta a intensidade do conflito.

---

1. WYSTAN, Auden apud HILLMAN, J.; SHAMDASANI, S. *Lamento dos mortos: a psicologia depois de O Livro Vermelho de Jung*. 1. ed. Petrópolis: Editora Vozes, 2015, p. 51.

O problema ganha força quando o *ego* não reconhece ou não se dispõe a enfrentar o conflito perturbador e utiliza-se de mecanismos de fuga que podem até produzir certa ilusão de tê-lo esquecido, mas não fazem com que a matriz do problema deixe de existir. E pior, podem agravar a condição do paciente, por adicionar maus hábitos com suas consequências desastrosas.

Ao longo da nossa trajetória, passamos por experiências difíceis e dolorosas, e nem sempre possuímos a maturidade necessária para lidar com elas quando estamos sob o calor das emoções. Normalmente procuramos uma forma de nos defender, de fugir ou tentar diminuir a intensidade do que sentimos, mas só teremos êxito quando tivermos condições de elaborar os conteúdos que se apresentam. Enquanto não fazemos isso, essas experiências alimentam os nossos complexos.

Foi Carl Gustav Jung, psiquiatra suíço e pai da Psicologia Analítica, quem tornou conhecido o termo *complexo* em sua feição psicológica. Como nos recorda James Hollis, "porque vivemos, temos complexo". Isso ocorre porquanto acumulamos experiências emocionais ao longo da existência, sejam positivas, sejam negativas, e que a grande tarefa que se coloca é a formação de uma personalidade saudável para lidar com essas experiências, sem que elas se transformem em um peso para nossas vidas.

Se pensarmos, por exemplo, em uma pessoa com comportamento ansioso ao extremo, algo que infelizmente vai tornando-se cada vez mais comum na era moderna, verificamos muitas vezes que se trata de uma tentativa patológica de se defender contra a angústia de lidar com a incerteza e com as constantes mudanças que ocorrem na vida. O *ego* tenta manter-se numa postura de controle das ocorrências e ilude-se tentando antecipá-las. Com isso deixa de viver o momento presente, além de lançar no organismo uma carga hormonal que o prepara para a luta ou fuga. Esse efeito, multiplicado nas diversas vezes em que o indivíduo fica ansioso, explica muitas das doenças psicossomáticas tão comuns dos dias atuais.

Aprofundando ainda mais o olhar, poderemos encontrar os medos construídos na infância, advindos da educação equivocada, além das matrizes de outras existências somadas às atuais.

O indivíduo deve, portanto, munir-se de ferramentas para aprender a lidar com seus próprios conflitos, pois, como bem disse John Huston, "maturidade é a capacidade de lidar com as incertezas". Quando não construímos em nossa personalidade uma estrutura capaz de lidar com os desafios existenciais, vamos sempre tentar encontrar uma forma de fugir deles.

Ao analisar a questão do sofrimento humano, Jung estabeleceu que "ele precisa ser suportado"[2] e que a única forma de suportá-lo seria superando-o. Estabelecendo um paralelo com os conflitos humanos, superá-los, de forma consciente e madura, significa lidar com eles na sua real dimensão, verificar as nascentes de onde provêm e estruturar a personalidade de forma a fazer o aprendizado necessário.

Um dos pontos importantes nesse processo é aceitá-los como parte natural da existência, pois a energia que se gasta tentando negá-los ou extirpá-los num passe de mágica não faz com que deixem de existir. Não se trata de uma aceitação passiva, que seria patológica, mas daquela que Joanna de Ângelis define como "resignação ativa", que faz com que o indivíduo, mesmo acolhendo e aceitando seus conflitos, esforce-se por transformar-se, revendo a própria biografia, reelaborando os conflitos e ressignificando-os.

Por isso mesmo, a existência dos conflitos, por mais difíceis e intensos que sejam, é uma ótima oportunidade para aprofundar a jornada de autoconhecimento, resgatando da *sombra* as experiências interpretadas de forma equivocada, assim como a força heroica existente em cada um.

Ao deparar-se com a Esfinge, Édipo recebeu dela o seguinte enigma:

– O que é que tem quatro pés de manhã, dois ao meio-dia e três à tarde?

Édipo respondeu, sabiamente, que era o próprio homem, que engatinhava na infância, caminhava erguido na fase adulta e se utilizava de uma bengala no *entardecer* da vida. Recebendo a resposta correta, a Esfinge se atirou no despenhadeiro.

De certa forma, o homem se torna o seu próprio enigma a ser decifrado, necessitando da força heroica para poder desvendar os seus

---

2. JUNG, C. G. *Cartas, vol.* 1. Petrópolis: Editora Vozes, 1999.

mistérios e libertar-se de tudo que o aprisiona. Segundo as narrativas de Sófocles, não foi somente a Esfinge que Édipo teve que enfrentar como desafio, mas a sua própria história trágica. No final da existência, cego, foi acolhido por Teseu para que recebesse as devidas honras de herói.

Em nossas vidas, também enfrentamos muitos desafios, e o mais importante é ter consciência deles, desenvolvendo-se e aprimorando-se a partir desses enfrentamentos. Tal como Édipo, somos convidados a "fechar os olhos" para as ilusões externas e aprofundar o contato com nossa realidade íntima. Agindo assim, a força heroica que existe em cada um se torna o aliado principal para lidar com os comportamentos conflitivos, vencendo-os à medida que se vence a si mesmo.

## *Conflitos: o convite para trilhar uma nova estrada*
### *(Iris Sinoti)*

Verificando os conflitos da vida moderna, por que será que eles continuam tão parecidos com os que homens e mulheres viviam séculos atrás? É bem provável que todo o nosso avanço tenha deixado de lado outros avanços importantes a serem feitos, pois se a tecnologia não venceu os conflitos, é porque eles residem no interior do homem, e lá esta não pode alcançar.

Optamos por valorizar demasiadamente a "racionalização", buscamos domínio e construímos um mundo voltado para as necessidades do *ego*, mas perdemos o contato com a natureza, lesionando os nossos instintos. Não é de se estranhar que estejamos doentes da psique, que não consigamos compreender as nossas perguntas internas e as transformemos em conflitos difíceis de serem solucionados.

Nos acostumamos a viver em gaiolas douradas, em nome de segurança e acolhimento que o *ego* busca, em uma quase louca certeza de que assim os conflitos serão evitados e, consequentemente, o sofrimento. Muitas vezes ficamos cada vez mais presos em um carrossel de repetições e dependências, sem consciência de que as piores prisões são os nossos conteúdos inconscientes.

Por que nos mantemos presos? Por uma falsa ilusão de ganho? Por falta de forças e resistências morais? Ou simplesmente não desejamos fazer o esforço necessário?

Desde o momento em que nascemos estamos construindo identidade, e, como ela ainda é frágil durante a infância, é comum que a criança sinta os conflitos dos pais e sofra como se esses conflitos fossem seus. Assim sendo, a forma como enfrentamos os conflitos também é aprendida, e percebemos isso quando nos vemos muitas vezes reagindo às situações de uma maneira muito familiar.

Quando estamos *unilateralizados*, ou seja, privilegiando apenas um aspecto que nos parece mais confortável, negamos outras possibilidades, armazenando uma enorme quantidade de energia na *sombra,* o campo desconhecido e não desenvolvido do nosso ser.

O filósofo grego Heráclito de Éfeso dizia que "com o tempo tudo se transforma em seu oposto". Mais tarde, abordando o aspecto psicológico dessa questão, Jung vai utilizar o termo *enantiodromia*, esclarecendo que a vida nos impulsiona para viver as questões não vividas, pois, se objetivamos nos tornar seres plenos, não podemos viver a vida de forma parcial e limitada, por isso a importância de entendermos nossos conflitos. Como observou Jung: "O eu se torna manifesto nos opostos e no conflito entre eles... Daí que o caminho para o eu começa com conflito".[3]

Quanto mais evitarmos entrar em contato com a *sombra*, menor será a liberdade para atuar na vida, e isso significa que limitamos o nosso mundo por medo de confrontarmos a escuridão. Abrimos mão da nossa autonomia para mantermos o controle, na ilusão de que os conflitos permanecerão distantes. Será?

Viver em conflito perturba demasiadamente o *ego*, e buscamos estratégias para não ouvirmos as vozes que teimam em nos alertar, distorcendo-as muitas vezes para atender as nossas intenções profundas. E por não entrar em contato com a *sombra,* deixamos o desespero dominar as nossas decisões, passando a acreditar que os conflitos são insolúveis e nos comportando como vítimas da vida. Diante desse comportamento em muitos dos seus pacientes, Jung respondia: "As pessoas às vezes ado-

---

3. JUNG, C. G. *Psicologia e Alquimia*. Petrópolis: Editora Vozes, 2009, p. 259.

tam essa visão porque pensam apenas nas soluções externas – que no fundo não são soluções absolutamente... A solução verdadeira só pode vir de dentro".[4]

Entretanto, se nos ocupássemos verdadeiramente com o significado profundo dos conflitos, certamente perceberíamos que eles estão a serviço da alma e nos apresentam caminhos que ainda não percorremos, as partes negligenciadas da nossa jornada que precisamos compreender. Afinal, tudo que se encontra nesse lugar escuro fomos nós que colocamos.

Recordo-me de uma paciente que utilizava grande parte do tempo das suas sessões de terapia para se queixar do marido. Segundo ela, ele não permitia que ela se desenvolvesse profissionalmente, criando todo tipo de embaraços e reforçando nela um sentimento de inferioridade. Perguntei-lhe o que a fazia manter-se no relacionamento, já que ele era visto como um obstáculo ao seu desenvolvimento. Ela, por sua vez, respondia: *Mas para onde eu iria? Como vou me sustentar?* – Disse-lhe então que, com sua juventude, poderia encontrar meios de ser independente e construir uma nova vida.

Minha intenção não era estimulá-la à separação, mas tentar mostrar que ela via ganhos na situação de dependência e não desejava abrir mão disso. O marido servia apenas como desculpa para ocultar o seu conflito moral: era satisfatório para ela manter-se dependente, mimada e vítima. O ganho que ela via: ser vista como uma mulher sacrificada, injustiçada e que, apesar de tudo que ele lhe fazia, mantinha-se fiel ao casamento.

Mas o que estava por trás de tudo isso? Ela nunca assumia a sua responsabilidade, sobrecarregando o marido para atendimento das suas necessidades materiais e emocionais. Ela não se dava conta do seu egoísmo e, consequentemente, do seu orgulho. Como seria possível nessa situação haver crescimento psicológico se as atitudes escolhidas serviam para afastar o sofrimento?

Como já diziam os gregos, através do sofrimento poderemos chegar à sabedoria. Claro que não queremos sofrer, tampouco ter conflitos, mas em cada momento que o *ego* sofre a vida nos convida para crescer.

---

4. JUNG, C. G. *Freud e a Psicanálise*. Petrópolis: Editora Vozes, 1998, p. 606.

E se pudermos enfrentá-lo, suportando o conflito moral que o acompanha, disponibilizar-nos-emos ao crescimento psicológico.

Será que temos consciência dos fatores morais que estão envolvidos nas escolhas que fazemos? Ou simplesmente nos mantemos em estado de inércia, deixando que as circunstâncias da vida nos conduzam para que depois nos queixemos, sem assumir a responsabilidade que nos cabe?

Imaginemos estar caminhando em uma estrada por longo tempo, e, de repente, essa estrada se bifurca, o que faríamos? Seguiríamos na estrada já conhecida ou nos aventuraríamos por um novo caminho? Assim é o conflito: outra direção que surge, o que não quer dizer que precisa ser seguida, mas precisa ser vista, pois "nada amplia mais a consciência do que essa confrontação dos antagonismos internos".[5] Não podemos fugir da responsabilidade consciente de nos transformarmos.

Sem dúvida alguma, somente nós poderemos realizar essa tarefa, porém, se não a realizarmos, o conflito continuará a existir, consumindo energia e mantendo-nos presos à situação que precisa ser enfrentada.

O conflito se apresenta, portanto, como outra estrada, que tanto poderá ser prazerosa de ser percorrida como também de difícil acesso, mas que nos mostra sempre a possibilidade de uma vida mais plena.

---

5. JUNG, C. G. *Memórias, sonhos e reflexões*. Rio de Janeiro: Editora Nova Fronteira, 1975.

*O estado de consciência de paz
exige que toda culpa seja
transformada em ação
dignificante, porque,
da mesma maneira, a pessoa que se
equivoca tem o dever de
percorrer caminho idêntico para a
correspondente reabilitação.*
•••

Joanna de Ângelis/Divaldo Franco

# 3

# O ESPÍCULO DA CULPA

*O espículo da culpa* – Joanna de Ângelis
*A redenção da culpa* – Cláudio Sinoti
*Culpa: uma desobediência necessária* – Iris Sinoti

### *O espículo da culpa*
*(Joanna de Ângelis)*

Adormecida no inconsciente profundo do ser humano permanece a culpa, aguardando o momento próprio para assomar e transformar-se em conflito devastador.

Refugiando-se por muito tempo, ficado recalcada sob a argamassa dos caprichos emocionais, que procuram justificar os atos insanos, esse olvido é sempre transitório, porquanto o fato de não estar consciente não significa encontrar-se superada ou diluída.

Muitas vezes são compromissos infelizes que defluem da ignorância da razão, que estabelecem normas de conduta incompatíveis com o ético e o correto, sem deixar, porém, de ser equívocos de interpretação dos direitos do *ego,* que, infelizmente, sempre se atribui méritos que, em realidade, não possui. Noutras oportunidades são ações conscientes, em momentos de delírio ou deslumbramento, que superam o bom-tom, transformam-se em referências sem legitimidade, comportamentos desleais, que se repetem com naturalidade absurda, e, não raro, são efeitos de atitudes malsãs praticadas conscientemente.

O certo é que todos os indivíduos, vez que outra, são vítimas da *sombra*, e praticam atos lamentáveis, de que se arrependerão posteriormente, após ou durante o amadurecimento psicológico, mas que intranquilizam, pela impossibilidade de retornar àqueles momentos e evitá-los, desde que não há outra alternativa, exceto a correção, mesmo que tardiamente.

A culpa é um espículo vigoroso nas *carnes da alma*. Todos os indivíduos sentem-na, em razão do impositivo natural da evolução que propõe existência correta, mediante pensamentos saudáveis, comunicações verbais ou gráficas edificantes e atitudes dignas. Qualquer deslize, passado tempo próprio, retorna e exige retificação, pelo impositivo do progresso moral e emocional que se adquire. O que antes pareceria insignificante ou mesmo sem qualquer caráter prejudicial no momento, pelo fato de não estar enquadrado nos padrões do comportamento digno, produz o inequívoco sentimento de culpa.

Embora os conflitos a que dá lugar, trata-se de uma conquista do processo evolutivo à avaliação inconsciente dos comportamentos passados, graças à busca pela autoiluminação, na qual não existe espaço para escamotear a verdade.

Pode-se intentar justificar-se a ação incorreta, o que funciona por algum tempo, até o instante em que o ser desperta para a sua realidade imortal, na qual se encontra inserido, sem ensejo de ocultar os procedimentos doentios.

A mentira, o engodo, a fantasia, a calúnia, a inveja, as informações agradáveis com objetivos de ludibriar o próximo ou para conquistar benefícios pessoais, são máscaras de que se utiliza o *ego*, que funcionam por algum tempo, mas têm duração efêmera, porque a verdade sobrenada nesse oceano de ficções doentias e dá surgimento à culpa.

A culpa honesta enseja o arrependimento da ação nefanda, mediante reflexões, agora saudáveis, do que deveria ter sido feito naquele momento, caso se possuísse maturidade psicológica, legitimidade pessoal.

A necessidade egoica de querer aparecer, a compulsão obsessiva para tirar vantagens, os hábitos arraigados da *sombra* em luta contínua contra o *Self,* conduzem o indivíduo sem a vivência da dignidade a cometer esses lamentáveis comportamentos agressivos, porque desrespeitam a intimidade do seu próximo, a confiança que lhe foi oferecida, a nobreza com que se permitiu expor e deixou-se tombar nas armadilhas infames que lhes foram feitas por aqueles nos quais confiaram.

Os seus danos são imprevisíveis, porque podem magoar de tal maneira as suas vítimas que as armam de desconfiança em relação às demais pessoas, ferreteiam-lhes a sensibilidade, conspurcam-lhes a pureza e a ingenuidade dos sentimentos... e se transformam em verdadeira traição.

Nada mais desconfortável do que a confiança que se dedica a alguém, sendo miseravelmente enganado, traído nos seus valores afetivos, que se tornam superados pela ganância, pela forma perversa de retribuir a amizade e a convivência.

Embora a gravidade da culpa, não permitas que te estiole a esperança, nem esfacele o teu lado bom, que agora desperta para a identificação da responsabilidade que assumiste.

Refaze o caminho, instala na conduta a humildade em relação aos teus erros. Não será necessário que reveles às tuas vítimas o que fizeste com elas, porque, mais cedo ou tarde, elas tomarão conhecimento. Recupera-te moralmente, modifica a conduta, sendo fiel e amigo, renuncia aos propósitos extravagantes que te amesquinhavam, sofre o natural efeito dos males que, afinal, a ti próprio causaste.

Permanece ao lado daqueles a quem enganaste e corrige lentamente, se possível, as informações equivocadas, e, quando não se torne exequível fazê-lo, age corretamente, envolto pelas vibrações do afeto sadio, reabilitando-te até o momento em que te sintas tranquilo, desarmado, feliz em sua companhia.

O amor verdadeiro produz milagres, nunca o duvides!

A arrogância, filha dileta do egoísmo, sempre conspira contra o teu propósito de expiação do mal que fizeste e busca motivos para que permaneças na anestesia da responsabilidade.

O bem que puderes fazer àqueles que te sofreram a injunção penosa, oferece-o de coração aberto e realmente afetuoso.

Com pensamentos, palavras e gestos de bondade feitos de ternura e de arrependimento sincero, diluirás a culpa, retirarás o espículo da consciência e avançarás realmente feliz no rumo da plenitude.

O estado de consciência de paz exige que toda culpa seja transformada em ação dignificante, porque, da mesma maneira, a pessoa que se equivoca tem o dever de percorrer caminho idêntico para a correspondente reabilitação.

Tudo quanto esteja escamoteado na Terra, no Mais-além se apresenta desvelado, e a vítima olhará nos olhos do infrator com amizade e perdão, enquanto este, atormentado, tentará fugir da sua presença, carregando o fardo pesado que o esmaga interiormente.

No Evangelho de Jesus, recorda-te do temor de Pedro, que negou o Amigo, mas teve a coragem de devotar-Lhe o restante da vida em processo de reabilitação, o que conseguiu de maneira brilhante; enquanto Judas, cruelmente ferido, atirou-se ao abismo do autocídio e foi constrangido a retornar à Terra inúmeras vezes até culminar no martírio da saga infeliz do seu antigo ato ignominioso.

Começa agora a tua reabilitação, ora e vincula-te ao Senhor, que é o caminho para a Verdade, e logo a culpa que conduzas intimamente começará a ser arrancada dos teus nobres sentimentos.

### *A redenção da culpa*
*(Cláudio Sinoti)*

Existe um ditado latino que estabelece: *Homo hominis lupus – o homem é o lobo do homem*. Embora possa parecer uma proposta pessimista, não deixa de conter um ensinamento importante para nossas reflexões, pois é no interior do próprio homem que se encontram seus mais temíveis algozes.

Entre esses algozes, a culpa se estabelece como um dos principais fatores que faz com que muitos retardem a marcha rumo à plenitude. Mas será que a culpa é efetivamente algo negativo?

Psicologicamente, a culpa pode ser vista como um sistema de alerta do indivíduo, acionado sempre que algum código de crenças e valores é contrariado, desde os convencionais, que vamos aprendendo no processo educacional, nas culturas e religiões, assim como os valores mais profundos, porquanto o *Self* se apresenta como esse representante *divino* em nossa psique e "se manifesta" sempre que esses valores são negligenciados.

Assim sendo, para a conquista da maturidade é importante aprender a lidar com a culpa, tornando-a uma aliada no processo de autoconhecimento, e não apenas uma instância punitiva que nos leva a lamentar as escolhas infelizes que fizemos.

De acordo com James Hollis, "parte do legítimo desenvolvimento do indivíduo é o reconhecimento adequado da culpa".[1] E o próprio autor propõe um caminho de conscientização que chama de "os três *erres*: Reconhecimento, Recompensa e Remissão".

O **Reconhecimento** é parte essencial da nossa jornada, pois a atitude de assumir a responsabilidade das nossas escolhas nos predispõe à transformação. Mas, infelizmente, são muitos os mecanismos escapistas aos quais os indivíduos recorrem para não lidar com os próprios erros. Às vezes, procura-se desesperadamente um culpado quando algo não vai bem, porque é bem mais fácil entender que o outro foi o responsável pelo insucesso do que reconhecer nossas falhas.

Enquanto não aprendemos a lidar com a culpa de maneira consciente, normalmente acionamos a projeção na condição de mecanismo de defesa, encontrando erros na família, nos patrões, nos governantes e nas mínimas coisas cujos detalhes não deixamos passar despercebidos. Isso nos faz perder contato com a própria *sombra pessoal*.

Reconhecer os próprios erros pressupõe humildade, e talvez esse seja um grande empecilho aos que se mantêm na inflação do *ego*, porquanto obrigaria a descer do pedestal em que muitas vezes nos colocamos, aceitando nossa condição humana, falível e limitada, sem que

---

1. HOLLIS, James. *Os pantanais da alma*. São Paulo: Paulus, 1998.

isso diminua nossas divinas aspirações. Pelo contrário, pois que, quanto mais temos a capacidade de olhar para nossos erros e aceitá-los como parte do processo do aprendizado, mais nos fortalecemos e nos mostramos grandes, e não o oposto.

Esse reconhecimento, no entanto, não pode ser algo estático, que nos faz apenas aceitar que erramos sem que isso tenha maiores consequências. Deve ser apenas o primeiro passo para aprendermos com os erros e adquirirmos consciência para agir da melhor maneira nas oportunidades futuras.

Recordo-me de uma paciente muito vinculada às atividades da religião que abraçara, todavia, por mais que tentasse estar em *comunhão com Deus*, relatava que um profundo sentimento de tristeza sempre se apresentava, sem que ela soubesse ao certo de onde vinha aquela sensação. Passava horas na igreja, nas diversas atividades, mas mesmo assim não conseguia sentir-se plena. Com a Religião, dizia, "veio também uma postura que me faz ver os mínimos erros dos outros", e isso a atormentava, pois sua atitude fazia com que os outros se afastassem dela.

Como normalmente a crítica excessiva se apresenta como substituta patológica da dificuldade em lidar com a própria *sombra*, ela necessitava conhecer mais a sua história de vida, na tentativa de encontrar algum fato gerador desse comportamento. Propondo-lhe esse mergulho interior, recordou-se, após algumas sessões, de algo que a atormentara durante a adolescência: ela havia feito um aborto após um relacionamento passageiro e, movida pela pressão familiar, que não aceitava a gravidez naquelas condições, consentiu com o ato mesmo sem concordar com ele.

Após isso, passou a ter enormes dificuldades afetivas, pois sempre via com suspeitas o fato de se entregar ao relacionamento. A busca mais intensa pela Religião foi seu ponto de apoio.

O problema não foi buscar uma Religião, o que é fato positivo em muitos aspectos, mas, enquanto não lidamos com as nossas escolhas equivocadas, o passado continua a nos atormentar. No caso da paciente, somente após conseguir falar do ocorrido, reconhecer sua parte na escolha que fez, mesmo com a coparticipação da família, e, mais ainda, saber-se igual aos que tanto condenava e vigiava, é que conseguiu liberar a energia que estava aprisionada pela culpa e prosseguir em sua jornada de aprofundamento, agora com mais vigor e entusiasmo.

Isso significava trilhar o caminho da **Recompensa**. A energia psíquica antes direcionada a apontar o erro dos outros – ou o que ela via como erro – deveria ser canalizada para outros propósitos. O *reconhecimento* abriu espaço à introspecção, a um olhar mais atento a tudo aquilo que até então negligenciara. Estar mais atento a nós mesmos nos faz ser mais flexíveis na avaliação do outro. Mesmo porque, quem pode *atirar a primeira pedra* quando faz o julgamento alheio? À paciente foi sugerido que se dedicasse a auxiliar pessoas com problemas. Ela se recordou de que na própria igreja havia uma atividade comunitária dedicada às mulheres grávidas e que muitas delas eram jovens cujos filhos vieram sem planejamento. Passou a dedicar-se a compreender essas jovens e ajudá-las a enfrentar os desafios que teriam pela frente. Ao mesmo tempo, prosseguia no seu processo de pacificar o sentimento de equívoco do passado que a acompanhava. As crianças que ajudava a gestar e via nascer, de certa forma, faziam-na manter contato com a criança que havia rejeitado e que lhe trazia o sentimento de culpa. Essa era a **Remissão**, pois, mesmo que ainda visse os erros à sua volta, agora o fazia sem o mesmo peso de antes, e seu caminho finalmente estava livre para buscar Deus de forma mais madura e consciente.

Como nos ensina Carl Gustav Jung:[2] "Seja qual for a coisa que ande mal no mundo, o homem deve saber que o mesmo acontece dentro dele e, se aprender a arranjar-se com a própria *sombra*, já terá feito alguma coisa pelo mundo". Para a paciente, a culpa foi o caminho para descobrir a própria *sombra*, percebendo que o mal que via nos outros era apenas um espelho daquilo que não desejava ver em si mesma.

Não há mágica, portanto, para lidar com o *lobo* da culpa, que nos desafia a cada instante a perceber os nossos equívocos, e quando isso é feito com responsabilidade, transforma-se em excelente oportunidade de tornar-se mais consciente de si mesmo. E se algumas vezes o *homem é o lobo do homem*, aliado à consciência se transforma em seu próprio herói, avançando rumo à conquista de si mesmo.

---

2. JUNG, C. G. *Psicologia e Religião*. Petrópolis: Editora Vozes, 1999.

## Culpa: uma desobediência necessária
### (Iris Sinoti)

*A culpa se senta como um grande pássaro negro
nos ombros de quase todos nós.*[3]

Quem de nós, em algum momento da vida, não se sentiu culpado, seja porque cometeu algum equívoco, seja porque uma voz interna nos acusa de não estarmos cumprindo a nossa designação?

Esse sentimento tão nosso muitas vezes vem acompanhado da raiva que introjetamos no decorrer das nossas vidas, sempre que tentamos ir além do que nos foi ensinado, pois os limites da educação, da cultura, do gênero, da Religião etc. podem sim gerar em nós a culpa. Este é o principal motivo pelo qual todos nós a sentimos: a culpa também é arquetípica.

Muitas vezes sentimos culpa por sabermos que deixamos de fazer algo ou que cometemos um erro, e que esse feito ou não feito nos coloca de frente com partes das nossas vidas que nos fazem sentir raiva. A raiva e a culpa caminham de mãos dadas, pois a culpa guarda uma raiva interna, que, por não ser exposta, fica gerando uma necessidade de autopunição que se manifesta na forma de culpa.

Lembro-me da história de uma mulher, a qual chamarei de Isaura, que sofria de enxaqueca e por muito tempo buscava ajuda médica sem resultados satisfatórios. Quando realmente se resolveu por tentar compreender o símbolo por trás do sintoma, revelou-se a seguinte situação: ela era a filha primogênita de um casal imaturo, que durante toda a infância dela estava envolvido com seus problemas, deixando os filhos crescerem por conta própria; ela, por sua vez, assumiu a responsabilidade sobre os irmãos mais jovens, deixando de cuidar de si e, pior, de satisfazer suas necessidades, o que gerou muita raiva, que ela manteve contida.

Na ocasião em que saiu de casa, por causa dos estudos, passou a se sentir culpada por ser a única a ter aquela oportunidade e começou

---

3. HOLLIS, James. *Os pantanais da alma*. São Paulo: Editora Paulus, 1998.

a achar que não merecia, pois os seus pais sempre disseram que universidade não era para eles. Resultado: todo o dinheiro que recebia era enviado para a família, ficando apenas com o estritamente necessário. Todo mês ela sofria para mandar o dinheiro, porque sempre abria mão de necessidades pessoais e sentia profunda raiva por isso, o que logo transformava em culpa, por não aceitar sentir tal emoção. Não preciso nem falar o que acontecia logo depois: as dores de cabeça...

Admitir tais sentimentos não foi fácil, mas também chegar até eles proporcionou o fim de um ciclo de autopunição que já durava anos. Ela pôde finalmente olhar no espelho de si mesma e transmutar a culpa que sentia na responsabilidade pela própria história e, consequentemente, pela própria felicidade, além de poder deixar seus familiares seguirem com as próprias escolhas.

A religião judaico-cristã teve como forma educativa a punição e a ideia de pecado, o que naturalmente se transformou em culpa, ou seja, nossa história é alicerçada na culpa, pois acreditaram que sem ela não seria possível manter as "coisas" sob controle. Será que isso ainda acontece? Será que ainda acreditamos que a educação pela castração é a melhor maneira de alguém se conhecer?

Na busca de uma suposta perfeição, as diferenças foram esmagadas, e aqueles que ousam não seguir a massa pagam um alto preço por isso. Foi assim que adquirimos uma grande dificuldade: para a maioria de nós é difícil assumir a responsabilidade dos próprios atos, porque se não sou responsável, torno-me culpado. Como? Não foi permitido a Isaura que tomasse para si a própria identidade, fazendo com que desenvolvesse uma personalidade insegura e com uma necessidade urgente de reconhecimento, o que fazia dela uma pessoa que sempre buscava agradar os outros. Ela não se permitia ser diferente do que esperavam dela, porquanto isso poderia ser visto como um erro pelos outros. E, como não reconhecia o seu valor pessoal, a opinião dos outros sobre si era o parâmetro: "Se não sou amada, não sou digna de nada, e para ser amada, terei que ser igual a eles" – essa era sua crença, e por isso a culpa quando saiu para estudar. Isaura só pôde tratar efetivamente seu sintoma quando tomou para si a responsabilidade da própria vida, em que a culpa por ser ela mesma já não tinha voz em seu mundo interno.

O que nos impede de tomarmos a responsabilidade dos nossos atos muitas vezes está relacionado a uma má formação educacional, pois a criança que é impedida de desenvolver sua identidade, quando na fase adulta, às vezes sente culpa por não ter permissão de ser ela mesma e, não sendo quem tem que ser, termina por necessitar da aprovação dos outros para reconhecer o seu próprio valor; quando não recebe esse reconhecimento, automaticamente acredita que fez algo errado, tentando assim corrigir o erro e deixando de fazer o que realmente precisa ser feito para o seu crescimento. O que os outros sabem sobre nós?

A culpa não é um sentimento agradável e normalmente se gasta muita energia tentando não a sentir. Desse modo, a raiva costuma ganhar espaço. Somos responsáveis por tudo o que fazemos, mesmo que não queiramos, e também somos responsáveis por tudo que deixamos de fazer. Aqui entramos em uma dupla culpa: quando não fazemos, sentimo-nos culpados; mas se fazemos, também. É justamente aqui que precisamos "desobedecer", porquanto, quando nos damos conta de que estamos deixando de fazer o que realmente devemos para o nosso crescimento, precisamos "romper" com tudo o que nos mantém presos, e isso nos levará a uma desobediência necessária.

Durante a nossa vida vamos ouvindo todo o tempo o que devemos fazer e como devemos ser, o que nos impede de ir além do limite estabelecido para nós e por nós. O filósofo Nietzsche identificava que vivíamos um conflito entre uma moral particular reprimida e a vontade de potência que quer expandir-se; o *Self* impulsiona o ser para o seu processo de *individuação*, e, se não o fazemos, sentimo-nos presos, limitados, culpados e ficamos com uma vida restrita, atendendo as necessidades do *ego*, as quais terminam por dominar as nossas atitudes.

A frustração é uma sensação muito presente no campo emocional do culpado, pois a distância entre o que não somos e a imagem criada pelo *ego* daquilo que achávamos que deveríamos ter sido nos inclui em um ciclo de justificativas, sentimentos de inadequação, lamentações, insegurança, controle e ansiedade. Isso nos faz ficar presos ao passado, vivendo um papel de vítima.

Sempre que transgredimos, sentimo-nos culpados, porque transgredir é atravessar o que acreditamos ser um limite. Psicologicamente, é a busca da superação de si mesmo na ruptura com o mundo que nos cerca, ou seja, sempre que buscamos o novo, transgredimos, e, ao transgredir, sentimo-nos culpados.

Conforme afirmava Jung,[4] "cada passo em direção a uma consciência mais ampla é uma espécie de culpa prometeica: mediante o conhecimento rouba-se, por assim dizer, o fogo dos deuses, isto é, o patrimônio dos poderes inconscientes é arrancado do contexto natural e subordinado à arbitrariedade da consciência". Assim como o titã Prometeu, se não roubarmos o fogo dos deuses e se não desobedecermos às leis estipuladas por eles, não seremos capazes de ampliar a nossa consciência para uma ética que transcenda as normas externas e nos coloque conectados a uma moralidade que realmente nos permita viver a liberdade de sermos nós mesmos, de crescermos com os nossos erros e principalmente de nos perdoar para seguir adiante.

Isaura não precisa mais se autopunir com a dor, porque, ao romper com o limite que ela havia estabelecido para si mesma, cometeu, assim como Prometeu, a *hybris* – passou pela dor asfixiante da culpa, sofreu como se estivesse presa nas pedras frias do Cáucaso, na solidão daqueles que precisam encontrar a própria ferida, para encontrar em si a força necessária para renascer – e, desobedecendo a ordem externa, pôde finalmente obedecer a sua designação interior e ir em busca de si mesma.

Acerca disso, Jung ensina que: "A terapia começa substancialmente e realmente somente quando o paciente vê que o que o embaraça já não é o pai e a mãe, mas ele próprio, isto é, uma parte inconsciente de sua personalidade, a qual assumiu e continua a interpretar o papel de pai e mãe".[5]

O pássaro negro da culpa é, dessa forma, um precioso sinal de que uma nova consciência, um novo "eu" pode surgir, pode ser o guia na estrada da *individuação*. Estrada essa difícil e muitas vezes dolorosa, que exigirá imensa confiança em nós, em tudo o que podemos ser, para que, tal como Isaura, possamos olhar além do estreito espaço que criamos para viver.

4. JUNG, C. G. *O Eu e o inconsciente*. Petrópolis: Editora Vozes, 2003.
5. JUNG, C. G. *Psicologia do inconsciente*. Petrópolis: Editora Vozes, 1987, p. 61.

*Bendize as provas afligentes
que te pungem o coração
e te inquietam a mente.
Sob o açodar do sofrimento,
o ser humano vê-se
conduzido a reflexões que o
esclarecem a respeito do
sentido da existência corporal.*

•••

Joanna de Ângelis/Divaldo Franco

# 4

## PROVAS E EXPIAÇÕES

*Provas e expiações* – Joanna de Ângelis
*Resistência à mudança* – Cláudio Sinoti
*Quando a vida vira pelo avesso* – Iris Sinoti

### Provas e expiações
*(Joanna de Ângelis)*

Bendize as provas afligentes que te pungem o coração e te inquietam a mente. Sob o açodar do sofrimento, o ser humano vê-se conduzido a reflexões que o esclarecem a respeito do sentido da existência corporal.

A vida no corpo físico possui um significado profundo que deve ser observado, que é o da evolução.

Natural que se anele pela saúde perfeita, por ocorrências jubilosas, pelos encantamentos e distrações que produzem o prazer e mantêm a leviana superficialidade *das coisas nenhumas* que contribuem para o bem-estar momentâneo.

É, normalmente, quando se está nas paisagens ricas de gozo que surgem os abusos, aumentam as aspirações pelo prazer, a fim de evitar-se o tédio e suas várias manifestações.

O Espírito é criado sem experiências que lhe devem constituir o patrimônio imortal.

Toda e qualquer realização, quando repetida sem alteração, dá lugar à indiferença, deixando de produzir novas sensações e emoções. A monotonia substitui a alegria infrene inicial, e as novidades, graças à sua continuidade, perdem o brilho, o fascínio.

Surgem ambições mais audaciosas, o ócio estimula atitudes atrevidas, radicais e o acumpliciamento com o desrespeito ao comportamento dos outros, ao ludíbrio, ao crime na busca de sensações novas e mais fortes.

Nascem, então, as intrigas, as traições, as infâmias, os problemas de alta gravidade que entorpecem os sentimentos, ludibriam a dignidade e induzem a situações de conduta lamentável.

É inevitável que, vivendo-se no Universo regido pela ordem e por leis de equilíbrio, o infrator seja convidado ao resgate, à correção dos atos reprocháveis.

Eis a causa das atuais aflições.

Nada obstante, quando convocado à regularização, mas prossegue na marcha da desobediência e da soberba, seja recambiado à escola terrestre sob injunção penosa, amargurado nas expiações incoercíveis.

A verdade é que ninguém consegue ludibriar a Divina Legislação. Aparentando uma força e um poder que não possui, já que a organização fisiológica, acostumada a suportar situações vigorosas, é muito frágil em relação às infecções, aos processos degenerativos, à debilidade, reduzindo-a ao estado de fragilidade extrema.

Ademais, o fenômeno biológico da morte sempre está presente na maquinaria física... E os transtornos emocionais de tão fácil ocorrência, os distúrbios mentais, as limitações do soma que o precedem.

Provas e expiações constituem os regularizadores da existência plena ou aparentemente desventurada.

Agradece a Deus a tua momentânea aflição, seja de qual expressão se constitua.

Autopenetra-te mentalmente em uma autoanálise honesta e pergunta-te qual é a mensagem que te está sendo enviada. Indaga-te onde necessitas e como reparar a sua causa, a fim de libertar-te.

Com sinceridade, busca compreendê-la, e, ao detectar-lhe a nascente, sem qualquer ressentimento, corrige o fator de desintegração e rejubila-te. No entanto, se não conseguires encontrá-la de imediato, não te envolvas nos tecidos sombrios da melancolia ou do desespero, permanecendo alegre, isto é, consciente de que se trata de uma ocorrência transitória e benéfica.

Tem a certeza de que sairás da situação melhor do que quando se te instalou, num momento em que não esperavas tal acontecimento.

Notarás um amadurecimento psicológico fascinante, que te permitirá harmonia interior, compreensão do sentido de viver e estímulo para valorizar apenas aquilo que seja de duração real: os valores do Espírito!

É justo que se aspire pela paz, no entanto, apoiando-se no amor, que é o seu alicerce.

De maneira alguma se pode desfrutar de serenidade sem o concurso da afetividade correta, do sentimento de amizade fraternal, sem a generosidade do sorriso rico de ternura, sem a consciência do dever cumprido corretamente.

O amor fomenta a compreensão das situações mais embaraçosas, porque dulcifica aquele que o cultiva.

Retira do psiquismo os miasmas do ressentimento e de outras paixões que vitalizam vidas microscópicas na área das viroses e no sistema emocional.

Porque compreende, o amor é suave bálsamo para todas as feridas do corpo e da alma.

Quando tudo estiver bem na tua jornada, agradece a Deus e cuida-te, porque são concessões que recebes de Deus para multiplicá-las em chuvas de bondade e de simpatia, beneficiando o solo dos corações para a ensementação da plenitude.

Não existe dor sem causa, nem alegria sem título de merecimento.

Em ambas as situações, mantém-te vigilante, porque ninguém passa pelo mundo sem as suas vivências, e a dor faz parte do processo iluminativo.

O aperfeiçoamento moral do Espírito é da sombra para a luz, do bruto para o sublime.

O estado de angelitude começa na primeira molécula que irá constituir o ser, prosseguindo, indefinidamente, no rumo da perfeição relativa que a todos está destinada.

Jesus foi peremptório quando propôs: "Sede perfeitos como o Pai Celestial é perfeito".

Se estás sob o ardor de alguma provação, alegra-te por te encontrares no rumo libertador.

Se te encontras aureolado pela fortuna da alegria, da juventude, das facilidades, mantém-te atento e aplica com sabedoria esses bens da vida para apresentação de resultados mais tarde.

Resguarda, pois, a tua consciência de remorsos e arrependimentos, enquanto brilha a luz da tranquilidade e da inocência nos teus sentimentos.

Mantém-te criança...

### *Resistência à mudança*
#### (Cláudio Sinoti)

Ficou célebre a metáfora utilizada por Heráclito de Éfeso para ilustrar a dinâmica da vida, propondo que um homem não consegue se banhar em um mesmo rio por duas vezes, porquanto em sua segunda experiência ele não será mais o mesmo, como o rio também não. Essa percepção fez com que o filósofo declarasse que *nada é permanente, exceto a mudança.*

Mas por que será que, mesmo sendo a mudança inevitável, tantas vezes tentamos resistir?

Certamente são muitas as razões que nos levam a esse comportamento equivocado, das quais podemos destacar o desconhecimento da finalidade existencial e das forças complexas que regem esse fenômeno grandioso, assim como o medo de enfrentar o que nos é desconhecido. Fechados em nós mesmos, passamos a temer a dinâmica da vida, que está em constante transformação e nos convoca ao mesmo movimento.

Nas experiências terapêuticas se observa que, muitas vezes, a resistência inicial dos pacientes é em assumir a responsabilidade pela própria vida e, consequentemente, pelo estado em que se encontram. Apegam-se ao já conhecido, prendem-se a justificativas racionalizadas, especialmente as que culpam os outros pelos insucessos em suas vidas, e acomodam-se em situações lamentáveis, mesmo as mais constrangedoras, somente se predispondo à mudança quando a situação se torna insuportável.

Os que assim se comportam costumam buscar a terapia, a Religião ou outros tipos de tratamento na condição de fórmulas mágicas para resolver seus conflitos, e se frustram por não encontrarem milagres que, de um momento para o outro, transformem suas vidas para melhor, de preferência sem o mínimo esforço. Não se dão conta de que abrem mão de uma arma poderosa de que dispomos: a capacidade de encontrar forças e respostas dentro de nós mesmos, assim como soluções criativas para as equações que a vida nos propõe.

Infelizmente, ainda são poucos os que criam coragem para *vasculhar* a própria vida em busca de respostas, embora sejam esses que encontrem soluções mais significativas. Por mais incrível que possa parecer, mesmo reclamando da situação em que se encontram, muitos preferem permanecer na condição indesejada a ter que empreender esforços para transformação.

A resistência termina por ser o pano de fundo de uma luta que se estabelece internamente, no campo de batalha da nossa própria psique: de um lado, o *ego* imediatista, que exige *conforto, segurança e saciedade* dos seus desejos, como bem ilustra James Hollis; do outro, o *Self ou a alma*, que busca *significado, luta, transformação...* Qual desses lados escolhemos alimentar? É uma questão importante para fazermos a nós mesmos, pois que quanto mais alimentarmos o *ego* de ilusões, mais aumentamos o "muro" de resistências em torno dessa outra parte profunda e real da vida, que faz o convite para uma existência mais significativa.

Mas se desejamos trilhar de forma consciente a nossa jornada, passo importante é verificar onde se encontram as principais resistências à transformação e se predispor a vencê-las. Se isso não acontece de forma consciente, a vida, através do seu dinamismo próprio, criará as condições para que ocorram as mudanças necessárias. Normalmente chamamos isso de crises, que podem ocorrer tanto na forma de situações externas quanto na de sintomas da mente e do corpo.

Recordo-me de uma amiga que começou a apresentar, de forma repentina, alguns problemas na retina. Sua visão começou a deteriorar-se, e como ela era pesquisadora, aquilo estava afetando enormemente o seu trabalho. Ao mesmo tempo que buscou o atendimento médico adequado, começou a tentar entender de forma simbólica a doença.

Foi-lhe apresentada a seguinte questão: o que você se nega a ver, a ponto de sua vista se negar a funcionar de forma correta?

A própria reflexão acerca do problema estimula o paciente a um diálogo mais profundo entre consciente e inconsciente. É que a terapia não consiste em *apresentar respostas prontas, mas em proporcionar reflexão ao paciente,* para que ele possa crescer a partir do próprio esforço. No encontro terapêutico seguinte ela relatou parte de um diálogo que teve com a irmã e que trouxe alguns *insights* sobre seu problema, que resumiu da seguinte forma: *"É que nós temos um buraco emocional, que nos faz exigir demais dos outros... A nossa carência é tamanha que não nos contentamos com o que o outro pode nos oferecer, queremos e exigimos dele sempre mais e mais".*

Naquele momento ela se deu conta de que o problema que a visão apresentava era o resultado da sua resistência em entrar em contato com as dores do passado, a sua *criança ferida*. Na tentativa de se proteger das dores dessa fase inicial da vida, construiu uma *persona* muito rígida, inflexível em muitos aspectos, e passou a concentrar seus esforços no desenvolvimento profissional: o campo da razão parecia mais seguro que o instável mundo das emoções. Conseguiu êxito e sucesso, dentro dos padrões do *ego*, mas como a alma sempre nos cobra o que foi deixado para trás, a crise veio atender essa necessidade: enquanto se negasse a encarar suas feridas emocionais, a visão se negava a enxergar corretamente.

Um dos grandes problemas é que, na maioria das vezes, apenas desejamos nos livrar das crises e problemas e, assim procedendo, perdemos a oportunidade de investigar qual o convite que a vida nos apresenta na ocasião. Para a paciente significou uma oportunidade de rever feridas antigas, que paralisavam o seu crescimento enquanto não fossem vistas. Havia o desejo e o sentimento de necessidade da mudança, mas a resistência ainda criava empecilhos, até que a psique se utilizou dos sintomas no corpo para impulsionar a transformação.

Como esclarece Hollis,[1] "podemos não querer crescer, de fato, mas somos forçados a isso, pois, caso contrário, regrediremos e morreremos, porque a alma, a eterna dimensão de nossas vidas mortais, exige crescer".

É natural que no princípio de qualquer projeto de mudança a ansiedade se manifeste, como resultado da expectativa perante os esforços que empreendemos. Com o tempo e o exercício regular aprenderemos que não controlamos as forças da vida e que o trabalho que temos pela frente é estruturar a personalidade para lidar com todas as circunstâncias possíveis, mesmo as mais imprevisíveis. Ademais, melhor será lidar com a ansiedade e até mesmo com o medo que surge da mudança a ter que adentrar-se pelo vazio existencial decorrente da acomodação.

Melhor será se nos esforçarmos para promover a mudança, efetuando transformações constantes e revendo as questões importantes da existência que deixamos trancadas em quartos escuros, na *sombra*. Isso requer humildade, para que possamos estar atentos e receptivos às críticas que nos fazem, assim como proceder uma autocrítica regular, o que proporciona ampliar o olhar sobre nós mesmos.

Em todo esse contexto, a religiosidade possui um papel essencial, afinal, essa instância em nós é capaz de entregar-se a uma força maior que o *ego*, e nessa relação encontramos forças para lidar com situações que nem sequer imaginamos.

Sendo assim, embora não *podendo nos banhar por duas vezes em um mesmo rio*, como bem retratou o filósofo grego, mergulharemos nos rios de desafios que a vida nos possibilita e procederemos às mudanças necessárias, certos de que existe um concerto universal que age a favor do ser e da vida, impulsionando-nos à consciência cósmica.

---

1. HOLLIS, James. *Encontrando significado na segunda metade da vida*. São Paulo: Editora Novo Século, 2011.

## Quando a vida vira pelo avesso
### (Iris Sinoti)

Todos nós passamos parte de nossas vidas tentando nos adaptar ao mundo externo, e esse esforço começa desde muito cedo. Tentamos ser o melhor que esperam de nós e atender essas expectativas acalma nossa ânsia de amor e reconhecimento. Mas, toda vez que a nossa tentativa de saída para esse mundo encontra um obstáculo, real ou não, acumulamos uma quantidade de energia psíquica que o torna cada vez mais difícil de ser superado.

A questão é que o fato de não superarmos esse obstáculo não nos libera dele e de um momento para o outro ele gera uma pressão interna tão grande que muitas vezes pode ser devastadora. É nesse momento que precisamos nos perguntar: do que estamos ou estivemos fugindo? O que é tão difícil de ser superado que termina por transformar-se, muitas vezes, em um comportamento destrutivo e improdutivo?

Quando as tentativas de adaptação falham, reprimimos partes importantes do nosso ser, por acreditarmos que não sabemos lidar com elas, e, assim fazendo, abrimos mão de características importantes e necessárias para a integração da personalidade e realização do processo de *individuação*. Como afirmava Jung,[2] "quando uma situação interior não se torna consciente, ela ocorre exteriormente, como destino". Em outras palavras, de repente a vida que estávamos levando termina, e não adianta tentar fazer "as coisas" do mesmo jeito, alguma coisa dentro de nós precisa ser reconhecida e amada não pelos outros, mas por nós mesmos... E tudo vira de cabeça para baixo.

Isso acontece porque estamos evoluindo e com certeza passamos por muitas situações sem apresentarmos dificuldades, mas sempre tem algo que emerge das profundezas do nosso ser para nos desafiar e provocar as mudanças necessárias, novas adaptações. Acredite, estamos sempre nos adaptando, e a diferença é que em determinado momento das nossas vidas essas adaptações já não são mais direcionadas ao mundo externo, ao atendimento das necessidades do *ego*. Essa força que nos

---

2. JUNG, C. G. *Aion: estudos sobre o simbolismo do si-mesmo.* Petrópolis: Editora Vozes, 1986.

empurra de dentro para fora nos redireciona, agora precisamos olhar de novo o que foi deixado, abandonado e desprezado por nós.

Todo processo de mudança vem acompanhado de certa dose de sofrimento. Esse sofrimento é decorrente da nossa inadequação às situações da vida, já que sofremos sempre que estamos em desalinho com esta, porque, ainda inconscientes de nossas partes abandonadas, não aceitamos as condições que ela nos apresenta como oportunidades de crescimento, então resistimos às mudanças e a transformamos em algo intolerável. Sem essas mudanças, a vida perde o sentido, e é momento de reconhecer que temos uma tarefa a realizar. Lamentar-se e/ou reclamar não ajuda, pois o sofrimento por si só não realiza a mudança, sendo necessário querer e fazer algo para que ela ocorra. Vitimização só atrasa o decurso, sobrecarrega e causa mais dor.

Todo esse inevitável processo tem nome: *metanoia,* que significa mudar a maneira de pensar, encontrar um novo nível de consciência, captar o não vivido e não realizado; mudança de atitude, ou seja, a vida pede mudanças e teremos mesmo que as realizar. A metanoia não acontece só na meia-idade, mas sempre que nos dispomos a uma profunda reavaliação, por isso mesmo nem sempre será acompanhada de dor e angústia, ao contrário, poderá trazer entusiasmo e coragem necessários para o enfrentamento. Quando não, ela é imposta pela vida, pela necessidade natural de transformação, que é intrínseca ao ser, e nessas condições é bem provável que a dor e o sofrimento estejam presentes.

Já é tempo de nos cuidarmos, e para isso precisamos urgentemente nos conhecer, deixar o passado no passado e não nos angustiarmos pelo futuro; viver o presente, sabendo que a cada instante precisaremos deixar partes dessa *persona* para dar espaço à pessoa que realmente somos. Quem sou? Para onde vou? Devem ser perguntas que já deveríamos sentir vibrar em nossa alma. Os nossos valores já deveriam estar cultivados e enraizados, ajudando a nos transformar em cidadãos proativos na sociedade. Quando não damos a devida atenção a esses cuidados, os frutos que começamos a colher não nos agradam, e não conseguimos nos desligar dos valores materiais, pois abrir mão deles nos parece doloroso; porém, fazemos algo pior, abrimos mão do ser para parecer e ter. E o avesso é devastador, pois o confronto com a *sombra* nessas condições nos fará deparar com partes destrutivas da nossa personalidade.

A metanoia retrata um momento crucial, quase sempre provocada por mudanças repentinas e inesperadas no curso da vida. Mas esse virar ao contrário traz em si a oportunidade de romper com velhos paradigmas, com atitudes que já se tornaram obsoletas e com velhos padrões de comportamento. Não podemos retirar o movimento da vida, pois a inércia é sinônimo de morte da criatividade, e, quando tentamos interromper o fluxo natural da mudança, a vida se encarrega de "mover" as coisas, só que de dentro para fora, levanta da poeira do inconsciente as perguntas que deixamos calar no fundo de nós mesmos. É justamente nesse momento que deveremos retornar a elas, não em busca de respostas imediatas, mas nos possibilitando uma nova maneira de pensar. Já que a vida virou pelo avesso, por que não nos permitimos virar também e perceber as coisas por um novo ângulo?

Mudança? Sim! De atitudes e de valores. E a vida desmorona, até parece que não temos escolhas, até parece que uma parte nossa anseia por tudo isso. Para o *ego* essa experiência é carregada de um sentimento de fracasso, entramos em contato com o abandono, sentimo-nos desamparados e sem rumo. Como é possível que parte de nós deseje isso? Não podemos parar o relógio da vida, caso contrário pagaremos um preço muito alto, perder-nos-emos de nós, dessa parte que anseia ser vivida. Esta verdade é confirmada por Lya Luft:[3] "Existir é poder refinar nossa consciência de que somos demais preciosos para nos desperdiçarmos buscando ser quem não somos, não podemos e não queremos ser".

Viver o avesso, mudar as coisas de lugar, fazer um balanço, mudar a rota; ter consciência do que deixamos de viver, do tempo que passou, sem culpa, com um olhar de maturidade e responsabilidade perante a vida é indispensável. Perceber que a metanoia trouxe uma nova perspectiva, que esse novo olhar para a vida é um olhar novo para dentro de si, é encontrar a razão e o sentido de estarmos aqui.

Viver o avesso! Quem sabe a vida não é mais colorida assim?

---

3. LUFT, Lya. *Perdas e ganhos*. Rio de Janeiro: Editora Record, 2004.

*A honorabilidade resulta da vivência dos valores éticos adotados, dos costumes saudáveis, das condutas retas. [...] Honoráveis são todos aqueles que conseguem superar as más inclinações e se dignificam no esforço da autoiluminação. [...] Todo aquele que transforma a existência em um evangelho de amor no reto cumprimento do dever torna-se honorável.*

•••

*Joanna de Ângelis/Divaldo Franco*

# 5

# HONORABILIDADE

*Honorabilidade* – Joanna de Ângelis
*O aprendizado da ética* – Cláudio Sinoti
*Os novos deuses do Olimpo* – Iris Sinoti

### *Honorabilidade*
*(Joanna de Ângelis)*

Estatuiu-se, na sociedade terrestre, que as conquistas de qualquer expressão exaltam o indivíduo e proporcionam-lhe honorabilidade e respeito. O progresso, no entanto, atrela-se a qualidades morais, mesmo quando não exista qualquer correlação de identidade.

O desenvolvimento intelectual, a conquista de recursos econômicos, o destaque na arte ou na política, ou seja, em qualquer área, produz respeitabilidade, honradez, e o seu portador passa a receber a bajulação dos parvos, dos aproveitadores, dos oportunistas, sempre à espera de compensações. Entrementes, o progresso material nem sempre se faz acompanhar daquele de natureza moral.

Poucas aquisições que deslumbram e projetam o ser humano têm procedência digna, sendo assinaladas pela astúcia ou pela desonestidade, por métodos escusos ou heranças de procedência vergonhosa.

A honorabilidade resulta da vivência dos valores éticos adotados, dos costumes saudáveis, das condutas retas.

Mais facilmente se encontra nos sofredores a presença honrosa da dignidade, que constitui alicerce moral de segurança, mediante o qual são edificados os sentimentos de elevação e de paz, mesmo quando não existem os recursos aplaudidos pelos interesses da comunidade.

Considerando-se o hedonismo, o existencialismo e o individualismo que se estabeleceram como programas sociais da atualidade, não são de surpreender as ocorrências danosas que se instalam no comportamento geral com aspectos terríveis, avassaladores...

Violência, crimes de diversas ordens, rivalidades entre os indivíduos, traições, indiferenças pelo próximo e os seus problemas, constituem os frutos espúrios do comportamento ideológico dos atuais cidadãos do mundo.

Quando se lhes apresentam pautas morais de coragem ante as naturais vicissitudes, roteiros de elevação diante dos desafios evolutivos, propostas de dignificação e condutas éticas, são considerados fora de época, desequilíbrio mental, perturbação masoquista, porque estes são os dias para o prazer, em que se deve beber a taça do consumo até as últimas gotas. A princípio tem-se a impressão de que o licor da juventude e do estonteante gozo é absorvido até o momento quando esse conteúdo converte-se em fel e veneno, passando a destruir aqueles que o libam.

A filosofia dominante, eminentemente egotista, é a do ter mais e sempre mais, do destacar-se para aproveitar o momento fugaz até a exaustão.

Especialistas em atividades de divertimento e de sensações renovadas não se dão conta de que, enquanto elaboram planos de júbilos infindáveis, mais se acercam da desencarnação. Quando surpreendidos pelas enfermidades que alcançam a todos, pelos desencantos de algum insucesso, pelos acidentes orgânicos paralisantes e aqueles de outra natureza, não dispõem de resistência emocional para a sua administração.

Acreditam-se, inconscientemente, invulneráveis, inatingíveis pelo sofrimento que somente elege os outros, a ponto de viverem anestesiados em relação aos valores existenciais e à fragilidade de que se constitui o vaso carnal no qual se encontram.

Quanta ilusão nos propósitos de viver-se apenas para desfrutar-se!

É natural que todos os seres humanos anelem pela felicidade. O fundamental, no entanto, é saber-se em que ela consiste. Ignorando-se o de que se constitui, abraçam-se às sensações fortes, o armamento preventivo contra a solidariedade, a fim de não se exporem, e fogem sempre na busca da alegria que não deve cessar. Ao alcançá-la, não se dão conta de como é rápida a sua presença na emoção, pois que logo cede lugar à ânsia de novos e incessantes júbilos. O corpo, porém, não está programado somente para as sensações, mas sobretudo para as emoções, e quando essas se derivam do exterior, abrem espaço para o vazio existencial, para a sensação de inutilidade.

A felicidade, sem dúvida, é emoção profunda e duradoura de plenitude que o Espírito vivencia quando consegue conciliar a consciência tranquila como resultado do caráter íntegro e das emoções pacificadoras.

Honoráveis são todos aqueles que conseguem superar as más inclinações e se dignificam no esforço da autoiluminação.

Nesse sentido, a oferta de Jesus, desde há quase dois mil anos, diz respeito à imortalidade, não apenas à maneira como deve ocorrer o trânsito carnal, que passa célere, mas tem como objetivo essencial trabalhar-se em favor do futuro espiritual inevitável.

É natural que se aspirem pelas alegrias, comodidades, satisfações, bem-estares. Isso, porém, resultará das condutas mentais que dão lugar aos acontecimentos que se desenrolam durante a existência.

Ao transferir-se de uma para outra reencarnação, as realizações apresentam-se em novas formulações, que são os desafios evolutivos para ser enfrentados e superados.

As distrações e fugas do dever não conseguem impedir que, no momento próprio, manifestem-se como impositivos inevitáveis para acontecerem.

A consciência lúcida em torno da imortalidade propicia inefável alegria, por facultar os meios hábeis para o comportamento nos momentos difíceis da reabilitação moral.

Ninguém existe que possa impedir o despertar para a realidade, fenômeno resultante da sucessão do tempo que impõe amadurecimento psicológico, porquanto, qualquer fuga, em vez de libertar do compromisso, mais o complica e o adia, para ressurgir à frente.

Não te escuses ao chamado pela dor, sem qualquer masoquismo, para a conquista da honorabilidade.

Se conheces algo da doutrina de Jesus, sabes que ela é um hino de louvor à vida e uma exaltação contínua ao amor em todas as facetas em que se apresente.

Reflexiona em torno de como te encontras e o que podes fazer para alcançar a meta que te está destinada: a perfeição relativa, o estado de Reino dos Céus na mente e no coração.

Honoráveis foram os mártires de todo jaez, que não temeram o sacrifício, inclusive o da própria existência.

Todo aquele que transforma a existência em um evangelho de amor no reto cumprimento do dever torna-se honorável.

Esforça-te para entender a finalidade existencial e segue firme, quanto abnegado, a trilha do teu compromisso para com a vida.

## O aprendizado da ética
### (Cláudio Sinoti)

*Ame a verdade e jamais tenha medo. E por mais que seja dura a luta que venha a enfrentar, jamais se afaste do caminho da honra.*[1]

Esses ensinamentos foram passados por Quíron, o sábio centauro, ao seu pupilo Jasão, que com seu mestre aprendeu as artes e as lutas. Sentindo-se preparado, Jasão reivindicou o trono de Iolco, que lhe era de direito, mas que havia sido usurpado por seu tio Pélias. Entretanto, recebeu deste o desafio de recuperar para seu povo o *velocino de ouro*, um carneiro alado e com fios de lã de ouro que havia pertencido ao seu povo em gerações anteriores, pois assim poderia provar ser merecedor da coroa. Aceitando o desafio, partiu com os Argonautas em direção à Cólquida, onde se encontrava o valioso animal.

Chegando ao seu destino, Jasão teve que enfrentar duros embates, como o touro de Hefesto e o dragão que guardava o *velo de ouro*, mas contou com a inesperada ajuda de Medeia, filha de Eetes, rei da

---

1. STEPHANIDES, Menelaos. *Jasão e os Argonautas*. São Paulo: Odysseus, 2000, p. 28.

Cólquida, pois a jovem se apaixonou pelo herói e o auxiliou com os poderes mágicos que possuía. Após vencer os embates, Jasão fugiu com Medeia conduzindo o esperado prêmio, tendo no encalço a corte de Eetes, que não se conformou com o resultado inesperado.

No entanto, em certo momento da fuga Jasão se esqueceu das recomendações de Quíron e, contrariando a tradição, ousou matar o filho do rei, Apsirto, dentro dos domínios do Templo de Ártemis, em uma armadilha tramada em conjunto com a própria irmã do príncipe, Medeia. Isso lhes rendeu inúmeros dissabores futuros, porquanto nenhum crime praticado nos templos sagrados passava despercebido por Zeus e pelos outros *deuses do Olimpo.*

Entre os profundos significados que podemos extrair da jornada de Jasão e dos Argonautas, encontramos a ação pautada na ética como de importância fundamental para determinar os *destinos* dos personagens, demonstrando que ninguém consegue fugir às consequências das próprias escolhas. O deslize de Jasão e Medeia nos apresenta ainda uma importante questão: por que nos afastamos da honra?

O ser humano é dotado da capacidade de discernir entre o bem e o mal, assim como da de poder avaliar as consequências das escolhas que faz. E, mesmo quando parece não escolher, em verdade já fez uma escolha: deixar que outros decidam por ele, o que não o furta de enfrentar os resultados dessa atitude.

Contudo, será que é possível aprender a ser ético, ou caminhamos entre limites extremos, nos quais nos comportamos ou não de maneira ética? Não sendo nosso intuito adentrar pela discussão filosófica que estabelece os limites da moral e da ética, encontramos em Pastorino uma bela síntese, através da qual propõe ser a ética a instância "que leva o indivíduo a discernir o bem do mal, o que deve ou não realizar".[2] Assim considerando, percebemos que essa capacidade não se encontra desenvolvida de maneira uniforme nos indivíduos e que uma mesma pessoa, em fases diferentes da existência ou de acordo com as circunstâncias, poderá ou não agir em sintonia com os princípios éticos.

---

2. FRANCO, Divaldo; PASTORINO, Carlos T. [Espírito]. *Impermanência e imortalidade.* Brasília: FEB, 2004.

A crise de ordem ética que se alastra por todo o planeta se evidencia nas instituições e coletividades, na pobreza e miséria em que se encontra grande parte da população, assim como nas inúmeras guerras de extermínio e na intolerância que se estabelecem entre os povos. A violência bate à nossa porta e os escândalos se sucedem, deixando-nos atônitos. Mas onde todo esse mal tem moradia? Por que a era moderna não foi capaz de debelá-lo?

Fazendo uma análise a esse respeito, o analista junguiano Erich Neumann[3] conclui que "a modernidade é a era da humanidade em que ciência e técnica demonstram a capacidade da consciência de se haver com a natureza física e de dominá-la em larga escala, em maior medida do que qualquer outra época da história da humanidade. É também o período em que a incapacidade de se haver com a natureza psíquica, a alma humana, manifesta-se tão terrível como nunca antes".

Essa falta de habilidade em conhecer a própria alma faz com que demos guarida ao mal, que, residindo no indivíduo, espalha-se pela coletividade sem que ninguém assuma a responsabilidade por ele. Em última instância, o mal faz morada em todos os seres humanos, sendo responsabilidade individual extirpá-lo nas fronteiras internas.

Desconhecendo a si mesmo, o ser se projeta em uma busca de realização externa a qualquer custo, desvinculado dos valores que deveriam sustentá-lo nessa empreitada. Tal qual Jasão, busca os *velocinos de ouro* esquecendo-se da honradez. Possuindo o *ego* como centro de ação e confundindo os desejos egoicos com as verdadeiras aspirações da alma, a visão estreita deturpa-lhe a claridade, e suas escolhas são feitas em um limite de percepção que não lhe permite ver os resultados desastrosos que ocasiona.

Temos pela frente o grande desafio de resgatar a ética, começando por nós mesmos. Nossa alma, esquecida e negligenciada, deve passar a ser o nosso campo de observação e ação. *Vigilância*, propôs-nos Jesus, e o que será que isso significa? Vigiar a própria vida e as atitudes. Perguntar-se, de forma honesta: onde o mal possui residência em mim? Quando questionamos isso, acionamos a voz da consciência, pronta a nos responder desde que tenhamos os sentidos atentos.

---

3. NEUMAMNN, Erich. *Psicologia profunda e nova ética*. Edições Paulinas, 1991.

Se a *velha ética* se encontra em ruínas, se os valores coletivos fracassaram, necessitamos redescobrir os princípios que nos possam nortear. Isso não significa que tudo o que nos foi ensinado careça de valor, mas que precisamos reaprender e ressignificar o seu conteúdo, pois que foram deturpados pelo interesse imediato. De certa forma isso aconteceu com as religiões, sendo triste verificar que as instituições que deveriam ensinar o amor e servir de ponte para o encontro entre criatura e Criador se encontram em situação calamitosa, sendo responsáveis por inúmeras guerras de extermínio que sacodem o planeta até os dias atuais, sem falar na deturpação de ensinamentos valiosos. Esse desregramento de certa maneira alimentou o individualismo, pois o ser se viu abandonado às próprias forças para enfrentar a vida e todos os seus desafios.

Tudo isso reforça o apelo para que o indivíduo desperte do sono da consciência no qual se encontra, porque quando a cegueira coletiva não consegue responder às profundas questões da alma, deverá surgir o herói interior, não com as armas da guerra para exterminar os outros, mas alguém que seja corajoso o suficiente para lutar consigo mesmo, ouvir a voz da própria consciência e seguir o que ela lhe dita.

Para que isso se efetive, torna-se necessário vencer a ilusão da separatividade entre o *ego* e o *Self*, entre o ser que aparentamos ser e a nossa verdadeira essência. A nobre função do *ego* é servir como representante da alma, da luz interior que habita cada ser, e não buscar os interesses imediatos, que lhe satisfaçam por um instante, mas que tragam consequências nefastas. Para tal, o embate ético nos propõe alguns desafios:

1 – Redescobrir a nós mesmos: somos muito mais do que pareceremos ser. Nossa ascendência divina nos alça às estrelas, à plenitude, e por isso mesmo não deveremos nos contentar com vidas superficiais e sem sentido.

2 – Enfrentar/integrar a *sombra*: isso significa assumir que o mal do mundo é o nosso mal, e é neste último que devemos nos concentrar de forma prioritária. Não há crescimento sem o reconhecimento da *sombra*, e não poderemos aprimorar o ser ético que somos se não reconhecermos os deslizes e desvios em relação à voz da consciência. Quando

aceitamos a nossa escuridão, libertamos a nossa luz, e o mal que vem do outro não nos assusta.

3 – Não aceitar a *normose*[4] como conselheira: não é porque todos fazem que nós também devemos fazer; não é porque é aceito e conveniente que é o melhor caminho. A voz da consciência deve sempre ser o nosso guia.

4 – Auxiliar a coletividade em seu processo de transformação: o desenvolvimento ético não deve servir para julgarmos os outros, mas para auxiliarmos na formação de uma nova consciência coletiva. O ser que se aprimora, que segue o curso da *individuação*, não se torna individualista. Pelo contrário, pode servir de forma íntegra e mais harmônica, porquanto somente aquele que se encontra *uno consigo mesmo* poderá tornar-se *uno com Deus*.

Nestes dias nos quais enfrentamos tantos desafios, valiosas são as advertências de Quíron a Jasão: sejamos *amantes da verdade*, pois somente ela pode nos conduzir à libertação, que se inicia quando somos verdadeiros conosco mesmo; não tenhamos medo, porquanto em meio ao aparente desregramento, insegurança e violência existe um direcionamento superior, que atua individual e coletivamente, e que propiciará que do aparente caos surja a luz. Tal qual Jasão, temos um trono que nos é de direito: somos filhos de Deus, e sua essência nos anima, sendo, portanto, nas palavras de Joanna de Ângelis, *herdeiros do Universo*.[5]

Por fim, na busca dos nossos *velocinos de ouro*, da nossa autorrealização, jamais nos afastemos da honra, porquanto a ética deve ser o pilar da construção do indivíduo e da sociedade da nova era.

---

4. Vide: WEIL, Pierre; LELOUP, Jean; CREMA, Roberto. *Normose – a patologia da normalidade*. Petrópolis: Vozes, 2011.
5. FRANCO, Divaldo; ÂNGELIS, Joanna de [Espírito]. *Vida feliz*. Salvador: LEAL, 2017, p. 81.

## Os novos deuses do Olimpo
### (Iris Sinoti)

Vivemos em um mundo no qual a maioria das pessoas se encontra inconsciente, ou seja, não sabe por que *faz o que faz*. Por um largo período a relação do homem com Deus vem sendo modificada, e, por volta do século XV, uma grande mudança aconteceu na psique coletiva: o homem já não encontrava Deus onde a Igreja O havia colocado, e alguns começaram a tentar entendê-lO. No decorrer dos séculos o homem tomou posse de Deus, e o *ego* passou a reinar; o homem e o seu coletivo passaram a viver uma grande inflação, as conquistas egoicas passaram a ser veneradas como deuses e as pessoas que as possuíam também.

Considerando-se tão grande quanto Deus, o homem passou a explorar o globo, e começamos a viver o período das grandes descobertas científicas. Isso não seria negativo se junto de tantas descobertas a consciência também tivesse se expandido para uma compreensão transpessoal da vida. O preço pago foi muito alto, porque progressivamente nos desconectamos de Deus, dos valores éticos e da moral.

São dias de glória esses que vivemos hoje, mas "glória" das coisas vazias que preenchem coisa nenhuma, dias modernos em que a responsabilidade e a ética não são convidadas à mesa do grande banquete. Não pode existir um processo efetivo de crescimento sem uma estrutura de *ego* pautada na ética e na responsabilidade, e não teremos uma sociedade justa se os membros dela não forem confiáveis, amigáveis e compassivos uns com os outros. Não seremos sociedade se, em vez do processo de *individuação*, estivermos apenas nos individualizando.

Sem uma estrutura de caráter adequada, o nosso senso de responsabilidade é altamente adulterado, e não nos sentimos responsáveis pelas outras pessoas, não nos preocupamos com o resultado das nossas escolhas; poluímos o planeta, destruímos a Natureza e preferimos acreditar que tudo isso é para nos proporcionar conforto, pois não queremos ver que estamos a cada dia colocando a nossa existência nesse planeta em risco. Estamos nos direcionando para o abismo e continuamos a educar as crianças acreditando que "serão" as melhores por possuírem coisas.

Afastamo-nos de Deus, não recorremos ao inconsciente e não sabemos onde encontrar respostas; não se sabe o que fazer com a angústia, o vazio existencial, a violência, a traição.

Segundo a mitologia grega, sempre que não reconhecemos o poder dos deuses (o inconsciente), eles nos castigam com o adoecimento. Será por isso que estamos tão perdidos? Provavelmente sim! Fomos para fora e agora precisamos fazer o caminho de volta. Conforme afirmava Jung:[6] "O sofrimento precisa ser superado, e o único meio de superá-lo é suportando-o". Se não direcionarmos a vida a propósito maior que o *ego*, indubitavelmente iremos sofrer.

Para tanto, faz-se necessário um olhar honesto perante a própria vida. É essa a vida que eu acreditava que teria? Não é um olhar sobre as coisas, é um olhar profundo sobre o que sentimos em sermos quem somos aqui e agora. Ouvir-se, apagar as luzes dos holofotes e perceber quanto de luz própria poderemos utilizar como guia na estrada do autoconhecimento. Feito isso, necessitaremos de humildade para reconhecer quanto dos valores e princípios que pregamos e acreditamos não participam da nossa vida, quanto ainda se acredita que as conquistas de coisas nos tornam pessoas respeitáveis e quanto o sucesso faz parecer que a perfeição já foi conquistada.

Com o *deus prazer* dominando as escolhas, as relações se tornaram frágeis e já não mais nos encontramos uns com os outros, pois a *deusa aparência* dita as regras, e não nos percebemos como homens e mulheres inteiros, não queremos nos conhecer, preferimos a imagem idealizada de pessoa feliz que se mostra na tela da *deusa internet*.

Como poderemos crescer como seres humanos se dificilmente conseguimos conviver com as fraquezas humanas, as próprias e as dos outros?

Dionísio era o *deus do prazer*, do fazer a vida ser prazerosa, tinha como símbolo o vinho, a reconciliação e a comunhão. O prazer proposto por ele era o de compartilhar a vida com o outro, unir, fazer parte; o *deus prazer* moderno separa, é egoísta; não divide, disputa, gera intriga e inveja.

---

6. JUNG, C. G. *Cartas, vol. 1*. Petrópolis: Editora Vozes, 1999.

Ser uma pessoa real exige tempo, e é muito mais fácil atender a *deusa aparência*, porque ela nos move na direção do parecer, o que infelizmente se tornou mais importante do que ser. Não precisa fazer muito esforço, basta atender o que esperam, e não existe profundidade, apenas superficialidade: é onde mora a *deusa*. Ela nos convence de que uma gaiola grande e dourada é melhor que a imensidão do céu, mesmo que tenhamos asas. O que pensaria a deusa Afrodite, deusa da beleza e do amor, a mais bela de todas as deusas, que se casou com o mais horrendo dos deuses para juntos apresentarem aos homens a capacidade criativa de viver a vida? O amor de Afrodite exigia tudo: entrega, doação e dedicação; mas a *deusa aparência*... tudo o que ela quer é chamar atenção: não se entrega, não se envolve, só parece ser.

E, se o avanço das ciências foi tão grandioso, por que ainda não encontramos as respostas? A venerada *deusa internet* não pode ajudar, ela não sabe responder como preencher o vazio do ser, ela até pode sinalizar por onde começar a busca, mas a resposta só é encontrada no lugar onde a pergunta nasceu: em nós! Conectados com o globo e desconectados de si, essa é a realidade da maioria dos habitantes do planeta; sabemos em fração de segundos o que acontece no mundo e passamos uma vida inteira sofrendo de desamor e solidão. A *deusa internet* não consegue devolver o de que abrimos mão, do calor e acolhimento, do carinho e afago, da sensação de que somos percebidos e principalmente da conexão com tudo o que está vivo, esse era o lugar da deusa Deméter: a mãe, a natureza humana, a vida.

Se em lugar algum as respostas são encontradas, se sentimos na pele as consequências dos nossos atos impensados, se não fomos responsáveis o suficiente para evitar tudo isso e se mesmo assim as luzes e os aplausos ainda atraem a atenção, é muito provável que estejamos adorando a *deusa bajulação*. Essa deusa é muito perigosa, porque, na ausência de valores éticos, ela leva à busca por reconhecimento externo, atrapalha a lucidez e inverte os valores. Ao distorcer a verdade, faz com que aplaudamos a insensatez, que em nós encontra ressonância. A hediondez encontra eco em nossa alma. Narciso ficaria admirado com tanto desamor, pois nem mesmo ele, o deus que não sabia amar, buscou tanto respostas fora: ele mergulhou, e o final aparentemente trágico de Narciso é o que precisa ser feito, mergulhar.

Por não reconhecer a *sombra*, fazemos o que fazemos sem saber por que fazemos. Projetamos a *sombra* no coletivo e nos ornamos de *badulaques* para disfarçar o monstro, que de vez em quando teima em aparecer. Tudo porque o *deus sucesso* garantiu que felicidade e tristeza são incompatíveis, que felicidade e reflexão não andam juntas e que, quanto mais conquistamos, maior será a dose de felicidade, e vamos empurrando com toda a força possível a *sombra* para onde acreditamos ser o seu devido lugar. Então conhecemos o deus Hades: esse não se importa com o sucesso, ele é o *deus do desconhecido*; em seu reino se encontra todo o potencial para a nossa transformação, pois queiramos ou não teremos que passar um tempo com ele. Hades existe em nós, assim como seu cão de três cabeças, Cérbero, nossos monstros, e sua esposa Perséfone, a sabedoria e maturidade. Só nos transformaremos e auxiliaremos na mudança do mundo em que vivemos se aceitarmos entrar na barca de Caronte para confrontar nossa *sombra*.

Nesse Olimpo que somos, precisamos ceder espaço para uma nova maneira de viver a vida, na qual a ética e a responsabilidade possam ser deusas escutadas e preservadas em nossas vidas, construindo com mãos habilidosas uma nova história para a Humanidade.

Já não temos tanto tempo para o *deus postergação*, pois Kairós, o deus do momento oportuno, remete-nos ao encontro do Deus maior. Portanto, se queremos verdadeiramente saber quem somos, teremos que lutar como Hércules em busca de uma consciência ética em que a moralidade será o alicerce da verdadeira felicidade.

*Quando te habituares ao silêncio, sentir-te-ás luarizado pelas claridades sublimes do Amor de Deus e ser-te-á muito fácil a travessia pelas estradas perigosas dos relacionamentos humanos. Compreenderás que a paz defluente da autoconquista nada consegue abalar.*

•••

Joanna de Ângelis/Divaldo Franco

# 6

# SILÊNCIO PARA OUVIR DEUS

*Silêncio para ouvir Deus* – *Joanna de Ângelis*
*O Templo Interior* – *Cláudio Sinoti*
*Homem: o templo sagrado de Deus* – *Iris Sinoti*

### Silêncio para ouvir Deus
*(Joanna de Ângelis)*

Em todos os tempos, os emissários de Deus recomendaram o silêncio profundo, a fim de que se possa ouvir-Lhe a voz e senti-lO mais intimamente.

Os ruídos e tumultos desviam o pensamento que se deve fixar no elevado objetivo de comunhão com a Divindade, para poder-se haurir energias vitalizadoras capazes de sustentar o Espírito nos embates inevitáveis do processo de evolução.

Quando se mergulha no mundo íntimo, encontram-se as mensagens sublimes da sabedoria, aquelas que constituem o alimento básico de sustentação da vida e sem as quais os objetivos essenciais da existência cedem lugar aos prazeres trêfegos e enganosos.

Os distúrbios externos produzidos pela balbúrdia desviam a mente para os tormentos exteriores, que tornam a marcha física insuportável quando se constata a fragilidade das suas construções emocionais.

Em tentativa de atender a todas as excentricidades do vozerio do mundo, a mente desloca-se da meta essencial e perde o foco que lhe constitui o objetivo fundamental.

Quando o Espírito se encontra atordoado pela balbúrdia, o discernimento faz-se confuso e os componentes mentais e emocionais deslocam-se da atenção que deve ser concedida ao essencial, em benefício das aquisições secundárias sempre incapazes de acalmar o coração.

Algumas vezes, alcança-se o topo do triunfo, meta muito buscada, a fama ligeira, a posição de destaque no grupo social, o riso bajulador e mentiroso sob o pesado tributo dos conflitos internos, que permanecem vorazes e desconhecidos, sempre em agitação.

Deus necessita do silêncio humano, a fim de fazer-se ouvido por quem deseje manter contato com a Sua Paternidade.

A Sua mensagem sempre tem sido transmitida após a transposição dos abismos externos e dos tumultos das paixões desarvoradas, permanecendo no ar, aguardando ser captada.

No imenso silêncio do Monte Sinai, a Sua voz transmitiu a Moisés as regras de ouro do Decálogo, mas não deixou de prosseguir enviando novas instruções para a conquista da harmonia, da plenitude.

Na Antiguidade Oriental, a Sua palavra fazia-se ouvir através dos sensitivos de vária denominação, conclamando a paz, a vitória sobre os impositivos exteriores predominantes no ser.

Nas furnas e nas cavernas, nas paisagens ermas desvelava-se, oferecendo o conhecimento da Verdade que deveria ser assimilado lentamente através dos tempos.

Mesmo Jesus, após atender as multidões que se sucediam esfaimadas de pão, de paz, de luz, buscava o refúgio da solidão para, em silêncio, poder ouvi-lO no santuário íntimo.

Robustecido pelas poderosas energias da comunhão com o Pai, volvia ao tumulto e desespero das massas insaciáveis, a fim de diminuir-lhes as dores e a loucura que tomava conta do imenso rebanho.

Simultaneamente, porém, proclamou que o Reino dos Céus encontra-se no coração, no íntimo do ser.

Nestes dias agitados faz-se necessário que se busque o silêncio para renovar-se as paisagens íntimas e ouvi-lO atentamente, pacificando-se.

À semelhança das ondas que permitem a comunicação terrestre, imprescindível que haja conexão para serem captadas. Estão carregadas de mensagens de todo jaez, mas sem a sintonia apropriada nada transmitem, parecendo não existir.

Habitua-te ao silêncio que faz muito bem.

Não temas a viagem interior, o encontro contigo mesmo nas regiões profundas dos arcanos espirituais.

Necessitas ouvir-te para bem te conheceres e traçares os caminhos por onde deverás seguir com segurança e otimismo.

Observarás que és um enigma para ti mesmo, que te encontras oculto sob sucessivas camadas de disfarces que te impedem de apresentar a autenticidade.

De essência divina, possuis o conhecimento e és dotado de sabedoria que aguardam o momento de desvelar-se.

Reflexiona, portanto, quanto possas, a fim de libertar-te das algemas que te escravizam à aparência, sem conceder-te o conforto do autoaprimoramento.

A multiplicidade das vozes que gritam em torno de ti impedem-te a conscientização dos valores que dignificam a existência.

Quando te habituares ao silêncio, sentir-te-ás luarizado pelas claridades sublimes do Amor de Deus e ser-te-á muito fácil a travessia pelas estradas perigosas dos relacionamentos humanos.

Compreenderás que a paz defluente da autoconquista nada consegue abalar.

Com segurança e serenidade, agirás em qualquer circunstância, feliz ou tormentosa, sem desespero, com admirável harmonia.

Torna o silêncio uma necessidade terapêutica, abençoando-te a jornada ao mesmo tempo que te propicia alegria de viver.

Desfrutarás de contínua alegria, sem galhofas nem vulgaridades, em situação de bem-estar natural.

São Francisco de Assis buscava o acume dos montes e as cavernas para, em silêncio, ouvir Deus.

Mas, não somente ele.

Todos aqueles que aspiram à plenitude atendem aos deveres do mundo e refugiam-se no silêncio para os colóquios com Deus.

A exaustão que te toma o corpo e a mente, o vazio existencial que te visita com frequência, a apatia que te surpreende, a ansiedade que te aturde são frutos espúrios da turbulência que te atinge.

Busca o silêncio e alcança-o.

Acalma-te e isola-te da multidão, uma e outra vez, viaja calmamente no rumo do ser que és e descobrirás tesouros imprevisíveis aguardando-te no interior.

Criado o hábito de incursionar, banhar-te-ás nas claridades refulgentes da palavra de Deus falando-te ao coração.

Não postergues a luminosa experiência, iniciando-a quanto antes.

## *O Templo Interior*
### *(Cláudio Sinoti)*

Desde tempos remotos da Antiguidade o ser humano busca conexão com o Divino nas mais diversas denominações e formas que encontrou para construir essa relação. Em algumas civilizações ancestrais eminentemente agrícolas, tais quais as do período Neolítico da Grécia, o culto à Grande Mãe reverenciava formas femininas volumosas, que representavam o desejo de fartura para a colheita e de descendência numerosa.

Em outros momentos históricos, as forças da Natureza, os animais e os astros tornaram-se deuses, como no Egito, onde encontramos Amon, que representava o Sol em seu esplendor, Geb, o deus da terra, Hórus, que na forma de falcão regia os astros e os céus, e Anúbis, divindade com cabeça de cão que conduzia os mortos ao julgamento, somente para citar alguns exemplos.

À medida que a Humanidade avançou culturalmente, melhor compreendendo as forças da Natureza, as formas humanas ganharam força na representação das divindades. Na mitologia grega, por exemplo, os deuses do Olimpo são apresentados com suas paixões humanas, demonstrando que se o indivíduo não conseguia elevar-se até Deus, tentava reduzi-lO às suas próprias feições e comportamentos, o que de certa forma representava a tentativa de compreender os arquétipos humanos.

Nessas épocas recuadas da História, ou mesmo nas tribos "primitivas" da atualidade, esclarece Jung que "a parte fundamental da vida psíquica se situava fora, nos objetos humanos e não-humanos: achava-se projetada, como diríamos hoje. E em um estado mais ou menos completo de projeção é quase impossível haver consciência".[1] O desenvolvimento das ciências fez com que grande parte dessa projeção perdesse seu sentido, permitindo que a relação com o Divino ganhasse novas concepções.

*O Velho Testamento*, apesar de apresentar o pensamento judaico que já concebia a ideia do Deus único, representa-O com ira exacerbada e preferências pessoais, porque, além de possuir um *povo eleito*, em alguns momentos revolta-se contra Sua própria criação: "E viu o Senhor que a maldade se multiplicara sobre a terra [...]. Então arrependeu-se de haver feito o homem sobre a terra e pesou-lhe em seu coração. E disse o Senhor: Destruirei o homem que criei de sobre a face da terra [...]".[2]

Jesus propôs novas bases para compreensão e relação com o Criador, transformando sua vida em um exemplo sublime para que pudéssemos encontrar o Pai, que, portador de um profundo amor, apresenta-se muito mais próximo da Sua criação. Deus não precisava mais ser temido, mas amado. Ressaltou a necessidade de um vínculo interno com esse Pai, que deveria ser "adorado em espírito e em verdade".[3] E para que isso se torne possível, não serão os templos exteriores que servirão como base, mas o Templo Interior.

As bases desse Templo Interior, para que possam ser construídas, necessitam de silêncio. Não se trata de deixar de falar, mas fazer calar as angústias e preocupações, queixas e conflitos que marcam os indivíduos ansiosos da era moderna. A modernidade, com seus inquestionáveis avanços, trouxe também o desafio de aprendermos a lidar com as ferramentas de que dispomos para que não nos tornemos ainda mais neuróticos, no sentido profundo que isso significa: apartados de nossa própria alma.

---

1. JUNG, C.G. *Psicologia e Religião*. Petrópolis: Editora Vozes, 1999.
2. Gênesis, 6: 5-7.
3. João, 4:24.

O excesso de imagens, informações, mídias e conexões tem levado a criatura a uma vida cada vez mais *para fora*, sem que isso signifique uma ligação efetiva com o outro, e muito menos consigo. Nada contra os avanços tecnológicos, que podem servir a muitas coisas, mas disponibilidade excessiva aos apelos externos na maioria das vezes significa desconexão com você mesmo. Consequentemente, esquecido o mundo interno, a conexão com Deus fica comprometida.

O teólogo espanhol Pablo d'Ors, fazendo uma análise a respeito da necessidade do silêncio,[4] estabelece importantes ferramentas para que o indivíduo refaça a conexão com a fonte da vida: meditação, concentração e contemplação.

**Meditação**, em termos psicológicos, sugere-nos "estar no meio", buscar o centro de si mesmo. O *ego*, enquanto percepção consciente, é convidado a voltar-se ao seu centro de ação – o *Self*, a totalidade –, e não apenas prestar atenção aos apelos externos, que normalmente costumam iludi-lo. Não será tão importante a forma ou postura que se faça a fim de se conseguir ir ao centro de si mesmo, contanto que proporcione o restabelecimento desse importante eixo de ação para a construção de uma personalidade saudável – *o eixo ego–Self*. Em meio a tantas vozes dos apelos exteriores, escutar a si mesmo é tarefa de fundamental importância para que nos realimentemos das forças interiores.

A postura atenta da consciência favorecerá a **concentração**: *estar conectado ao próprio centro de ação*. Manter-nos atentos ao nosso centro de ação requer disciplina, vontade e maturidade, pois são muitas as distrações que tentam nos desviar da percepção das profundezas do nosso ser.

Narra um ditado zen que, certa feita, um discípulo fez ao mestre o seguinte questionamento:

– *Mestre, como você pratica a iluminação?*

– *Comendo e dormindo.*

Surpreso, o discípulo redarguiu:

– *Mas todos comem e dormem!*

– *Mas nem todos comem quando estão comendo, tampouco dormem quando estão dormindo!*

---

4. D'ORS, Pablo. *A biografia do silêncio.* Edições Paulinas, 2014.

Desse diálogo teria surgido o ditado: "Quando como, eu como; quando durmo, eu durmo".

A dispersão, marca dos nossos dias, tem se mostrado um grave problema, sendo preocupante o diagnóstico crescente da hiperatividade e déficit de atenção, sintomas de uma era na qual o ser tem dificuldade em se concentrar – estar atento e conectado ao próprio centro interior.

Além de buscar o centro de si mesmo, por meio da meditação, a concentração nos convida a seguir as ordens que emanam desse centro, sem desviar-nos do caminho. Esse é um enorme desafio, porquanto nem sempre as mudanças e transformações propostas pela alma são recebidas de bom grado pelo *ego*, quando aprisionado aos resultados imediatos. Transformação requer tempo e constância, e o indivíduo deve ser persistente para não ceder aos apelos externos que tentam tirá-lo do seu próprio eixo de equilíbrio.

Por isso a importância da **contemplação**, que no contexto psicológico representa um estado de profundo vínculo com o Templo Interior. Não se trata de venerar imagens ou figuras santificadas, mas perceber em si mesmo, ou no movimento da Natureza em que se concentre, que a vida estua e vibra em toda parte. Enquanto a concentração nos faz escutar atentamente o mundo interno, a contemplação nos permite conexão com a vida de uma forma mais profunda.

Esse estado nos possibilita ver a vida com novas lentes, enxergar além, em que até mesmo os sofrimentos mais acerbos passam a ser vistos com os olhos da alma. É o que nos exemplifica Etty Hillesum,[5] que, mesmo se encontrando em estado de extrema debilidade física, na condição de prisioneira no Campo de Concentração de Auschwitz, num dos locais nos quais se desdobraram as maiores barbaridades e crueldades, teve tempo de registrar em seu diário a seguinte percepção:

*Das tuas mãos, meu Deus, aceito tudo, como me ocorre. Aprendi que, suportando todas as provas, podemos transformá-las em bem... Sempre que decidi enfrentá-las, as provas foram transformadas em bondade... Os piores sofrimentos dos homens são aqueles que eles rejeitam. Por vezes, quando me encontro em algum canto do campo, os meus pés plantados na Tua terra,*

---

5. HILLESUM, Etty. *Etty: The Letters and Diaries of Etty Hillesum, 1941-1943.* Disponível em: <http://tekobooks.com/isbn=0802839592.html>.

*os meus olhos erguidos para o Teu céu, as lágrimas correm-me pelo rosto, lágrimas de profunda emoção e gratidão... É querido ficar ali mesmo no meio do que as pessoas chamam horror, e ainda assim ser capaz de dizer: a vida é linda! E agora me encontro aqui num canto, tonta e febril, e incapaz de fazer o que for... Mas estou também com o jasmim e com aquela porção de céu que se vê pela minha janela... Porque assim que começamos a andar com Deus, só precisamos de continuar a caminhar com Ele e toda a vida torna-se um longo passeio... um maravilhoso sentimento.*

O ser humano venerou os astros, as forças da Natureza, os animais e as formas humanas. Não entendendo a grandeza do homem Jesus, tentou deificá-lo, sem que o compreendesse em totalidade. Construiu inúmeros templos, igrejas e catedrais suntuosas, mas isso não se mostrou suficiente para encontrar-se com Deus, faltando estabelecer as bases do seu Templo Interior. Nele concentrando-se, perceberá que Deus nunca esteve distante, mas muito próximo de si, e que aguarda apenas a permissão e decisão consciente de deixar que essa força o conduza a caminho da plenitude, que a todos aguarda.

## *Homem: o templo sagrado de Deus*
### *(Iris Sinoti)*

Lembro-me da infância, quando em silêncio meu pensamento vagava na tentativa de compreender Deus, e eu ficava por horas imaginando como Ele seria e onde Ele ficava. Como era possível que Ele tudo visse e tudo soubesse? Alguns anos mais tarde, no primeiro dia da aula de ciências, a professora destruiu minhas fantasias: – *Deus não está no céu, nunca esteve!* –, e eu pensei: – *Como?* Aquela informação foi devastadora, pois eu falava com Ele, era real aquela relação; logo meus pensamentos voltaram-se para outra questão: se eu reconhecia aquela relação, então, onde Ele está?

Com certeza não é por falta de Religião que estamos vivemos em um mundo caótico, e também não é por falta de Ciência, pois tanto uma quanto a outra estão procurando por Deus, por caminhos diferentes. O problema talvez seja que alguns, assim como fiz na infância, procuram por Ele nas Alturas Celestiais, outros nos cálculos da Física e da Matemática. Mas onde Ele está?

Materializamos tanto o processo religioso que não conseguimos encontrar acolhimento para a nossa alma, porque são tantas outras questões que nos ocupam que Deus termina por ficar em segundo plano. Sem autocrítica sincera estaremos expulsando-O da nossa vida, na ânsia desenfreada de encontrá-lO. Em reflexão muito coerente, Erna van de Winckel[6] define a condição do homem moderno: "O homem moderno, cada vez mais desenraizado da terra em seu corpo, do ser em seu pensamento, de Deus em sua fé e dos valores absolutos em sua consciência, é um ser desnaturado, cada vez mais sujeito às influências do meio, da classe, do partido, se não dos instintos".

Começamos a procura no lugar errado; desligados, buscamos religação, participamos e conhecemos as religiões, mas não nos permitimos passar pela transformação interna necessária para uma profunda e verdadeira relação com Deus, conosco e com o próximo.

Fomos, ao longo do tempo, construindo uma relação imatura com Deus, pois O intelectualizamos. Em algumas de suas palestras, Jung lembrava ao público que os nossos antepassados viviam a Divindade de maneira muito mais intensa e profunda, porquanto "seus deuses eram interiores, tinham como lugar de descanso a interioridade de suas psiques, e o mundo ao redor era ricamente adornado pelo divino".[7] Racionalizamos Deus, confundimos temor com amor, submissão com fé e trocamos a experiência direta com o Pai pela garantia de um lugar nos Céus.

Freud, com sua visão materialista, não aceitava a relação transcendente do homem com Deus, pois que acreditava que os relacionamentos humanos eram sempre decorrentes das experiências infantis. Felizmente Freud não estava totalmente certo, mas, se observarmos bem de perto, muitos dos nossos relacionamentos são construídos sob os alicerces dos nossos desejos infantis, e a relação com Deus pode não ter escapado disso, como afirma Hollis: "O que dizemos sobre Deus

---

6. WICKEL, Erna. *Do inconsciente a Deus.* Edições Paulinas, 1985, p. 47.
7. JUNG, C.G. *A vida simbólica.* Petrópolis: Editora Vozes, 2000, p. 665.

revela mais sobre nós mesmos do que sobre o mistério que chamamos Deus".[8] Quantas vezes tudo o que esperamos é que Deus realize a nossa vontade, camuflando o nosso orgulho infantil de que somos o filho ou filha preferida d'Ele, e que por sermos bons, caridosos e humildes merecemos uma vida de regalias e facilidades?

Se não percebemos Deus nos momentos das provas difíceis, muito provavelmente estamos esquecendo de perguntar-Lhe o que espera de nós. Qual será o plano de Deus? O que Ele espera que realizemos nessa vida, em nossas vidas?

Como a relação com Deus terminou por ficar comprometida, passamos a vida esperando que Ele nos mande um sinal de que um dia nossos desejos serão realizados e com isso projetamos o nosso impulso natural pela transcendência na ilusória luz de deuses falsos, abrindo campo ao vazio existencial, tão presente nos nossos dias.

Não podemos aceitar Deus como uma entidade pronta, Ele não pode ser compreendido racionalmente, friamente, precisa ser sentido, experienciado e vivido, caso contrário, assim como o bóson de Higgs, Ele escapa da nossa percepção consciente com velocidade tal que nos deixa atordoados. Não, Deus só se revela no profundo e real em nós.

Carl Gustav Jung, ainda muito jovem, em sua primeira comunhão chegou a essa profunda e transformadora conclusão, que mudaria os rumos do seu relacionamento pessoal com Deus e da percepção da importância da Religião para o desenvolvimento psíquico: "Para mim foi uma ausência de Deus e de religião. A igreja tornou-se um lugar aonde eu não poderia mais ir. Ali não havia vida, mas morte".[9] Em outro momento, ele volta a afirmar: "Eu não acredito; eu conheço poder de natureza muito pessoal e de influência irresistível. Eu o chamo de Deus".[10]

Somos homens e mulheres vivendo no tumulto dos nossos pensamentos, na confusão da vida, conectados com o mundo e desconectados de Deus, porque estamos buscando restaurar fora o que se quebrou

---

8. HOLLIS, James. *O projeto Éden: a busca do outro mágico*. São Paulo: Editora Paulus, 2002, p. 145.

9. JUNG, C.G. *Memórias, sonhos e reflexões*. Rio de Janeiro: Editora Nova Fronteira, 1975, p. 291.

10. JUNG, C.G. *Cartas, vol. 2*. Petrópolis: Editora Vozes, 2002, p. 428.

por dentro. É o anseio natural por plenitude que nos torna aptos a viver um verdadeiro encontro com o numinoso,[11] com Deus em nós. Se realmente buscamos essa experiência, seguiremos o conselho de Jung: "Ela (a pessoa) tem de ir adiante com a busca e descobrir o que a sua alma diz; depois, tem de atravessar a solidão de uma terra que não foi ainda criada".[12]

Quando nos comprometemos com o processo de autoconhecimento, de *individuação*, "descendo" em nós mesmos, passamos a escutar as vozes do nosso interior e é nesse exato momento que percebemos que é preciso uma transformação urgente. O vazio existencial dará lugar a uma vida pessoal repleta de dignidade e propósito, e, por mais difícil que seja a descida, descobriremos no final a generosidade e misericórdia infinitas do Pai.

Apuramos tanto o intelecto, mas deixamos de perceber a mensagem clara do Evangelho (Lucas, 17:21): "O Reino de Deus está dentro de nós", e é provável que por isso tão poucos O conheçam. Falamos de evolução espiritual, e não nos esforçamos muito por fazê-la; queremos que "seja feita a vontade d'Ele", mas a nossa intenção é ficar no controle, e assim "ganhamos o mundo e perdemos o contato com a nossa alma". E o que nossa alma tem a dizer?

Não será essa a chave de entrada para a morada de Deus? Será que não precisamos encontrar a nossa alma?

Santa Teresa d'Ávila[13] costumava considerar a nossa alma como um castelo, feito de um só diamante, e argumentava: "Não é pequena lástima e confusão não nos entendermos a nós mesmos, por nossa culpa, nem sabermos quem somos. [...] Sabemos muito por alto que nossa alma existe, porque assim ouvimos dizer e a fé nos ensina. Mas as riquezas que há nesta alma, seu grande valor, quem nela habita – eis o que raras vezes consideramos". Quem realmente somos? Qual o nosso verdadeiro potencial? Por que nos apartamos da parte divina em nós?

---

11. Numinoso, como utilizado por Jung, refere-se a experiências de profunda ressonância emocional, psicologicamente associadas a experiências do *Self*. Deriva do latim *numinosum* (DARYL, 1997, p. 113).

12. JUNG, C.G. *A vida simbólica*. Petrópolis: Editora Vozes, 2008.

13. ÁVILA, Teresa de. *Castelo interior ou moradas*. São Paulo: Editora Paulus 2010, p. 3.

Buscamos a perfeição, devemos ser bons, complacentes, humildes... A Religião por séculos nos dita isso, só que ninguém nos disse que precisávamos ser; aprendemos a nos comportar para não *chatear* Deus, mas não reconhecemos o direito de buscar e encontrar a pessoa que nascemos para ser. Como iremos encontrar Deus tentando ser perfeitos? A perfeição é um conceito abstrato demais para seres imperfeitos, e não encontraremos Deus tentando ser o que ainda é impossível para o homem.

O processo de *individuação* não é uma busca por perfeição, não como o *ego* a entende, mas pela totalidade, ser inteiro com *luz* e *sombra*, unido. Nós não nos perdemos de Deus – isso é impossível –, nós nos perdemos de nós mesmos, e o desconhecimento de quem somos nos tornou estranhos uns aos outros: se não reconheço Deus em mim, também não posso reconhecê-lO no outro. Deus não desiste de nós, somos nós que tentamos desistir de encontrá-lO.

Sendo assim, precisamos retirar a máscara que nos colocaram e que aceitamos usar, pois não nos reconheceremos usando-as; não temos que fingir sermos perfeitos, precisamos nos despir das injunções externas e começar o caminho de retorno ao Pai.

Por isso a verdade é libertadora – já recomendava o Mestre Jesus –, porque conhecer-se não é o bastante, é necessário aceitar-se como se é plenamente, e só assim poderemos mudar e também realizar o trabalho que tenhamos que desempenhar; seja ele uma grande missão, seja ele uma modesta missão, é o nosso trabalho.

Esse processo não se produz de uma hora para outra, ele exige perseverança e coragem. Deveremos fazer como Édipo, que, mesmo correndo o risco de ser destruído pela verdade, não titubeou e quis saber. Nós precisamos saber, mesmo que essas descobertas destruam o mundo que nosso *ego* criou, pois a cada passo aprenderemos a nos ver tal qual somos realmente, como propunha o poeta grego Píndaro: "Homem, torna-te quem tu és".

O caminho do autoencontro é repleto de dificuldades, e para fazê-lo precisamos nos desapegar das sacolas da arrogância, do orgulho e dos achismos. Esse caminho ao encontro de si mesmo nos tornará mais humildes, pois a *sombra* precisa ser integrada. Para alguns esse caminho leva diretamente ao fundo do poço – sim, é possível! Por isso precisamos reconhecer que ainda escolhemos errado, mesmo tendo conhecimento do melhor caminho a seguir. Erramos, e reconhecer isso pode parecer assustador, mas reconhecer o erro é o primeiro passo para integrarmos a *sombra* e começarmos o exercício da humildade.

Só aceitando descer em si mesmo é que a "alma" se revelará e poderemos compreender até mesmo o sentido do sofrimento, purificando-nos e revelando nossa natureza divina. É na noite escura, no silêncio da alma que poderemos ouvir Deus.

É preciso se conhecer para encontrar Deus! Ele nunca esteve em outro lugar, sempre esteve perto, bem perto, tão perto que não ousamos procurá-lO. Não é compreendê-lO, mas experimentar em si mesmo Deus.

Se eu já achei a resposta para meu questionamento de infância? Uma coisa é certa: Deus não está, Ele é. Como tenho certeza de que nossa relação é legítima, continuo a construir a estrada que me levará ao encontro de quem sou e tenho convicção de que lá encontrarei com Ele.

Somos o templo sagrado de Deus!

*Qualquer pessoa que se encontre sob os camartelos dos conflitos íntimos pode deter-se no exame dos talentos que lhe foram confiados e, com vontade bem dirigida, passar a aplicar cada um deles conforme as assertivas do Evangelho, e, sem dúvida, a existência mudará de sentido.*

•••

Joanna de Ângelis/Divaldo Franco

# 7

# PSICOTERAPIA DO ESFORÇO PESSOAL

***Psicoterapia do esforço pessoal*** – *Joanna de Ângelis*
***Terapia centrada no ser integral*** – *Cláudio Sinoti*
***A psicoterapia da vontade*** – *Iris Sinoti*

### Psicoterapia do esforço pessoal
*(Joanna de Ângelis)*

A Parábola dos Talentos,[1] que se encontra no Evangelho de Jesus, constitui extraordinário convite à busca da saúde integral e à perfeita conquista dos elevados objetivos existenciais, aqueles que são primaciais em todas as existências humanas.

Em síntese, refere-se a um homem poderoso que, necessitando viajar, convidou alguns dos seus servos à sua presença e ao primeiro entregou cinco talentos, ao segundo, dois, e ao terceiro, apenas um. Explicou-lhes que, ao retornar, pedir-lhes-ia contas.

Assim ocorreu. Quando da volta, reuniu os servos que, prestos, fizeram-se presentes, a fim de devolver ao amo as moedas valiosíssimas que lhes haviam sido confiadas.

Aquele que recebeu cinco talentos disse-lhe:

– *Ante a grave responsabilidade que me foi deferida, apliquei o tesouro em negócios rendosos que me foram confiados e lucrei outros tantos, que aqui estão somados dez.*

De imediato, o outro também explicou:

---

1. Mateus, 25:14-30 (nota da autora espiritual).

– *Com os dois talentos que me foram confiados, realizei negócios felizes e os dobrei, agora dispondo de quatro.*

O último servo, porém, estranhamente relatou:

– *Eu sei que sois severo e poderoso de tal modo que colheis onde não semeais e, por temor da vossa justiça, enterrei o dinheiro, com medo de perdê-lo, e agora vo-lo devolvo.*

O senhor, contrariado, reagiu com energia:

– *Servo mau e indolente. Tu reconheces que sou exigente e justo, por preguiça e falta de valor moral sepultaste a moeda que poderias haver multiplicado, como fizeram os teus companheiros, e a devolves sem qualquer lucro.*

*Que se lhe tome o talento, seja entregue ao que tem mais e se puna o covarde demoradamente, onde haja dores e ranger de dentes.*

Expressivo número de teólogos afirma que a parábola refere-se ao fim dos tempos, quando da separação entre os bons e os maus, no grande julgamento. Embora essa perspectiva luminosa e real, podemos atualizar o ensinamento à luz da Psicologia Profunda, modernizando o seu conteúdo e relacionando-o com a sociedade contemporânea.

O talento, a moeda a que se refere Jesus, era de altíssimo valor, porque cunhado em ouro maciço, sendo utilizado em vários países da época, possuindo alto poder para empreendimentos.

Interpretando o pensamento do Sublime Psicoterapeuta Galileu, consideremos que o ser humano encontra-se aquinhoado por talentos de inapreciado valor, tais como a saúde, a inteligência, a emoção, o conhecimento, as possibilidades de crescimento intelecto-moral.

A todos é facultada a aplicação desses grandiosos recursos, a fim de que se multipliquem de maneira pródiga, tendo em vista a alta potencialidade de que cada qual dispõe.

A própria existência física faculta-lhe o livre-arbítrio, responsável pela maneira como se utilize do expressivo tesouro.

Toda vez que são aplicadas essas concessões pela vontade de progredir, tornam-se mais expressivas e enriquecedoras.

Se desconsideradas, permanecem aguardando e convertem-se em carga psicológica perturbadora que conduz não somente a transtornos do comportamento, como a somatizações de grave porte.

Indivíduos inescrupulosos, cuja conduta reprochável procuram ocultar ou proclamá-la, representam o terceiro servo, que, fingindo respeito pelo amo, enterrou a moeda, inutilizando a sua finalidade, que é produzir trabalho, fomentar o progresso.

Outros, que escamoteiam os conflitos em que estorcegam, também estão na mesma condição, vitimados por complexos psicopatológicos a que se entregam sem real interesse para a libertação.

Aqueles, no entanto, que se afadigam pela conquista da plenitude aplicam os expressivos instrumentos em trabalhos infatigáveis, esforçando-se para retirar o máximo proveito do próprio empenho.

Nenhuma conquista é lograda sem a dedicação e o esforço para alcançá-la. O insucesso, quando ocorre, embora produza dor, não diminui o entusiasmo para depois ser conseguido o triunfo.

Deve-se tentar e investir, mesmo tombando e levantando-se, errando e acertando, quando, então, plenifica-se.

Portadores de inúmeros distúrbios são possuidores dos talentos que os podem favorecer, desde que se disponham ao investimento no trabalho de autoaprimoramento, de respeito às condições em que se encontram.

Transformando sua fragilidade em força, retemperam o ânimo e libertam-se das cadeiras invisíveis da ociosidade e da autocomiseração, rumando em direção à saúde.

Todo aquele que culpa outros pelo seu fracasso repete a frase do servo imprevidente que fez crer que a sua atitude relapsa era da responsabilidade do amo, em razão da sua severidade e rigidez.

Quando a pessoa se escusa de assumir os efeitos da sua indolência, apoia-se no complexo de superioridade que busca ocultar o oposto, o de inferioridade, utilizando-se de bengalas psicológicas, tais: *Quem sou eu? Eu não posso. Não nasci para o sucesso. Sou infeliz.*

O talento da saúde é quase sempre menosprezado por ser atirado ao poço venenoso do prazer vicioso, em que desgasta as resistências que a constituem, sendo surpreendido, quando menos espera, pelas doenças irreversíveis.

O amo retorna, na parábola, quando não é esperado. Assim acontece com a colheita dos atos na existência humana.

Como dele retirar-se o talento para dá-lo ao que tem mais? É óbvio que o possuidor aplicado, na dolosa lição do leviano, precata-se e cuida-se, prosseguindo ativo e operoso.

A inteligência, esse outro talento sublime, dever ser utilizada para o próprio desenvolvimento, já que a sua expansão depende do exercício, do esforço constante para o seu engrandecimento.

Bem poucas criaturas, no entanto, retiram o proveito desse grandioso recurso, acomodando-se com as conquistas elementares e transferindo para dia futuro nenhum o dever de acioná-la com critério e rigor.

As emoções correspondem aos cinco talentos que se devem multiplicar ao infinito, educando-as, aformoseando-as em ininterrupto treinamento pelo amor para proporcionar equilíbrio e bem-estar.

Qualquer pessoa que se encontre sob os camartelos dos conflitos íntimos pode deter-se no exame dos talentos que lhe foram confiados e, com vontade bem dirigida, passar a aplicar cada um deles conforme as assertivas do Evangelho, e, sem dúvida, a existência mudará de sentido.

Dispõe-te a trabalhar-te, renova-te a cada instante e prepara-te para a prestação de contas que te será solicitada, possivelmente sem aviso prévio.

Aquele que não considera o significado dos bens de que se encontra favorecido padece as constrições da negatividade, range os dentes na tensão emocional que se permite e sofre sem conforto.

Jesus, o Psicoterapeuta por Excelência, ofertou à Humanidade, para todo o sempre, os talentos que lhe facultam a conquista da glória estelar.

## Terapia centrada no ser integral
### (Cláudio Sinoti)

O psicólogo norte-americano Carl Rogers, um dos pais da Psicologia Humanista e precursor do movimento transpessoal, apresentou a proposta da *Terapia Centrada na Pessoa*, através da qual entendia que, mesmo nos casos em que os diagnósticos dos pacientes se apresentassem equivalentes, o tratamento dado jamais deveria ser igualitário, porquanto cada ser era portador de individualidade, que deveria ser respeitada para que a terapia fosse exitosa.

Um pouco antes, Carl Gustav Jung apresentara o conceito de *individuação*, longo processo através do qual o ser desperta as potencialidades da sua individualidade para poder tornar-se *o ser que nasceu para ser*. E, ao estabelecer as bases da Psicologia Analítica, destacou que o intuito principal da psicoterapia deveria ser o de favorecer o processo de *individuação*.

Verificando essas valiosas contribuições das ciências psicológicas, entre outras que se sucederam, quando avaliamos a psicoterapia proposta por Jesus aos Seus "pacientes", milênios antes que a Psicologia se estabelecesse na condição de Ciência autônoma, constatamos Sua validade e atualidade, porque a Sua terapêutica era baseada no ser integral.

Além das propostas coletivas que apresentou em Seus discursos, baseadas na ética universal, cada um daqueles com quem manteve contato recebeu a escuta e o olhar atentos, a palavra amorosa, mesmo que enérgica quando necessária, e, respeitando o livre-arbítrio, apresentava a proposta libertadora, sempre visando ao despertar da consciência e das potencialidades adormecidas.

Antes mesmo que Phillippe Pinel propusesse um *tratamento humanizado* aos portadores de psicopatologia, imortalizado na célebre cena de Bicêtre, em 1793, em que libertou das correntes os doentes que eram tratados como animais, Jesus apresentou a terapia dignificadora ao *Endemoninhado Gadareno*,[2] quando caminhou até ele voluntariamente, sob o temor dos Seus discípulos. Aquele homem que vivia nos sepul-

---

2. Lucas, 8: 26-39.

cros, despido e acorrentado diversas vezes, temido e rejeitado por todos, recebeu pela primeira vez um olhar e palavras ternas, ao mesmo tempo que as Entidades que o atormentavam receberam a terapia da palavra enérgica e disciplinadora, apoiadas na moral superior de quem lhes falava. Enquanto essas últimas e a população local preferiram o convívio com "os porcos", aquele que era tido como louco mostrou-se o mais lúcido de todos e libertou-se para seguir o seu curso existencial.

A praça pública também foi palco de inesquecíveis sessões terapêuticas de Jesus, a exemplo daquela cuja personagem principal ficou conhecida como *A Mulher Adúltera*.[3] Percebendo que todos a desejavam condenar e apedrejar, embora o sedutor passasse despercebido, demonstrando a *sombra coletiva* que colocava a mulher em segundo plano, apresentou inicialmente a *terapia coletiva do não julgamento*, porquanto ninguém que possuísse a consciência prisioneira da *sombra densa* poderia se colocar no papel de acusador, pois estaria projetando a própria escuridão na ilusão de aliviar a culpa dos erros cometidos. Feito isso, acolheu aquela mulher com a *terapia da compaixão*, o que favoreceu para que ela pudesse avaliar a própria conduta equivocada e estivesse em um clima psíquico suscetível para receber a *terapia da conduta reta*, quando foi instruída a *não voltar a pecar* em futuras oportunidades. Impulsionada pela proposta libertadora, abriu-se ao amor em sua dimensão mais profunda, abrigando abandonados e excluídos, como ela fora um dia.[4]

Ao jovem que desejava saber o que seria necessário para herdar a Vida eterna, denominado como *Mancebo Rico*,[5] propôs a *terapia do desapego*, para que pudesse vincular-se a bens de ordem superior aos que possuía, porque os que acreditava possuir eram efêmeros e ilusórios. Sabia o Mestre que o vínculo aos bens terrenos seria um dos grandes empecilhos ao despertar da consciência, o que foi confirmado pela negativa do jovem em seguir o que lhe era proposto, já que aqueles que pensam ser possuidores encontram-se normalmente escravizados.

3. João, 8:1-11.
4. FRANCO, Divaldo; RODRIGUES, Amélia [Espírito]. *Pelos caminhos de Jesus.* 8. ed. Salvador: LEAL, 2015. Capítulo 15 – Encontro de reparação.
5. Lucas, 18: 18-25.

A *terapia da hospitalidade* foi proposta por Jesus enquanto caminhava pelas ruas de Jericó. Quando os Seus olhos se depararam com Zaqueu[6] – um rico publicano detestado pelo povo que, por conta da baixa estatura, havia subido em uma árvore para ver o Mestre e seu cortejo –, estabeleceu de forma surpreendente: "Zaqueu, desce depressa, porque hoje me convém pousar em tua casa". Ao contrário do jovem rico, Zaqueu aceitou a terapêutica sugerida e abriu não somente as portas da sua casa ao Mestre, mas também sua alma, permitindo que a generosidade se adentrasse em sua vida, dando a ela um novo sentido.

Os conflitos de Marta[7] com as ocupações domésticas, levando-a a perder a oportunidade preciosa e talvez única do convívio e aprendizado essenciais com o Mestre, não passaram despercebidos ao olhar atento do Psicoterapeuta Sublime. Propôs a ela a *terapia do discernimento*, que possibilita efetuar uma avaliação consciente das escolhas, para que se possa selecionar o que tem valor superior. Ao invés de se queixar de sua irmã, Maria, que *escolhia a melhor parte* naquele instante, Marta deveria agir como ela, ocupando-se com o que efetivamente era importante: estar atenta e ao lado do Mestre.

Embora um homem generoso e disposto à transformação, o comportamento impulsivo e rancoroso muitas vezes se mostrava presente em Simão Pedro, o que trazia empecilhos para que compreendesse a mensagem de Jesus de forma mais clara e profunda. Por isso mesmo recebeu do Mestre a *lição terapêutica do perdão*,[8] que deveria ser exercitada não somente sete vezes, mas de maneira indefinida, porquanto beneficiava enormemente o seu doador, ao libertá-lo dos resíduos emocionais perturbadores.

Aquela *mulher samaritana*[9] nem sequer imaginava que ficaria imortalizada nas páginas do Evangelho, pois seu intuito era apenas pegar água para matar a sede. Ao dirigir-lhe a palavra, apresentou-a a um passo fundamental para a conquista de si mesmo: libertar-se da *sombra coletiva*. O simples gesto de Jesus pedir-lhe água mostrava

---

6. Lucas, 19:1-10.
7. Lucas, 10: 38-42.
8. Mateus, 18: 21-22.
9. João, 4: 7-26.

ser necessário romper com os preconceitos existentes entre judeus e samaritanos, assim como os preceitos machistas que impunham certa distância entre homens e mulheres, porque o ser humano deveria estar acima dessas querelas. Fez mais, propôs-lhe a profunda *terapêutica da reconexão com a alma*, que deve buscar o seu significado além das necessidades do *ego*. A sua sede do corpo nada era comparada à sede da alma, que, quando sintonizada com Deus, liga-se à fonte de ordem superior, da *água viva*, impulsionando-a à conquista da vida plena.

Para os doentes do corpo e da alma que O buscavam para a *terapia da cura*, fazia perguntas fundamentais: – *O que desejas que eu te faça? Crês que eu te posso curar?* Ao fazer isso, acionava forças poderosas: a vontade e a crença no tratamento proposto, que impulsionam a psique a mobilizar esforços para alcançar a cura. Muito tempo após, com todo o avanço das ciências e tecnologia, o Dr. Bernie Siegel, referência mundial no tratamento do câncer, ressaltou com propriedade: "Os pacientes especiais manifestam a vontade de viver da forma mais vigorosa. Tomam conta de sua vida como jamais fizeram antes, esforçando-se para conquistar a saúde e a paz de espírito".[10]

E muitos outros homens e mulheres receberam d'Ele a excelente terapêutica do amor, mas nem todos souberam aproveitá-la como deveriam, preferindo uma vida de ilusões a ter que empreender o esforço próprio na conquista da iluminação.

O tempo correu célere no calendário humano, ainda assim os desafios existenciais permanecem quase os mesmos, porque, se é verdade que avançamos para fora, nossa alma permanece uma ilustre desconhecida. Por isso mesmo se torna urgente voltarmos àquelas sublimes lições e extrair delas o significado profundo que possuem.

Precisamos reconhecer que a nossa loucura pode ser pior que a do gadareno, quando nos deixamos apegar aos "porcos" e perdemos a oportunidade de receber a mensagem terapêutica libertadora.

Indispensável se faz reconhecer onde adulteramos e traímos, se não os outros, a nós mesmos, traindo os nossos propósitos e valores, ou vivendo uma vida superficial. Para isso precisamos nos libertar da

---

10. SIEGEL, Bernie. *Amor, medicina e milagres.* 1. ed. São Paulo: Editora Best Seller, 1989, p. 6.

projeção da *sombra*, que nos faz atirar pedras por toda parte, enquanto a escuridão do nosso ser permanece intacta.

Libertando-nos dos nossos apegos, ao reconhecer o *mancebo rico* que mora em nós, possibilitaremos que a generosidade que despertou em Zaqueu faça parte do nosso mundo íntimo e nos impulsione a uma vida profunda e significativa.

Nesse mundo moderno, de tantos divertimentos e ocupações, a lição de Marta e Maria torna-se de profundo valor, porquanto se não soubermos discernir o principal do secundário, perderemos excelentes oportunidades de iluminação; e, se não perdoarmos, tal qual o convite a Simão Pedro, continuaremos conduzindo veneno emocional, na tentativa de atingir o outro ao qual culpamos por nossa infelicidade. Para isso será necessário matar a *sede da alma*, beber *da água viva*, estabelecer a profunda conexão do eixo *ego–Self*, que nos conduzirá à vida, porque não mais nos atormentaremos com as necessidades mesquinhas e teremos vida em abundância.

Naquele tempo, entre tantos enfermos, os leprosos, paralíticos e cegos mereceram atenção especial. Hoje nossa lepra é moral e nossa paralisia é por vontade própria, conduzindo-nos à cegueira espiritual dos nossos tempos. Por isso mesmo, urgente se faz acionar as forças da vontade e da crença firme no tratamento de excelência proposto por Jesus. Não se trata de aderir a uma religião dogmática, embora isso possa ter sua importância, mas adentrar-se pelos seus postulados libertadores. Não é à toa que a moderna Psicologia não cansa de investigar esse homem notável, que, sabendo da riqueza da individualidade humana, propôs a cada um, particularmente, e a todos, coletivamente, as sublimes lições do amor universal, as quais, aliadas ao conhecimento, permitem-nos atingir a *individuação, o Reino dos Céus em nós*.

## A *psicoterapia da vontade*
### (Iris Sinoti)

*O servidor que conheceu a vontade do seu amo e que, entretanto, não estiver pronto e não fizer o que dele queira o amo, será rudemente castigado. Mas aquele que não tenha sabido da sua vontade e fizer coisas dignas de castigo menos punido será. Muito se pedirá àquele a quem muito se houver dado e maiores contas serão tomadas àquele a quem mais coisas se haja confiado.*[11]

Estamos adentrando o terceiro milênio da era cristã, e todos nós ainda nos encontramos com muitas perguntas, dúvidas e incertezas. Percorremos a esteira reencarnatória, vivemos a História, negamos o Cristo, comprometemo-nos e nos tornamos, sem dúvida alguma, os "trabalhadores da última hora", mas ainda não sabemos o que fazer com os nossos problemas, não assumindo a responsabilidade que nos cabe como seres humanos e principalmente como seguidores d'Ele.

O que nos foi confiado?

É condição inata do ser a busca pelo progresso. Quando olhamos para o passado, vemos o homem apropriando-se do fogo, criando instrumentos para a caça, arrancando couro para fazer vestimentas, até o grande avanço da tecnologia, que possibilitou desde a descoberta do átomo às grandes viagens espaciais.

Com toda essa capacidade, fica para a Humanidade um grande legado: construir um mundo melhor para todos os seres vivos, e com isso o desafio de nos tornarmos melhores a cada dia. Porém, com tantas supostas facilidades, fomos esquecendo o compromisso e adquirindo cada vez mais informações que instruem, mas não geram sabedoria. Construímos um mundo polarizado e nos apartamos de tudo que porventura gerasse qualquer desconforto, e o resultado: somos escravos do que construímos fora e dentro de nós; temos um cérebro fantástico, mas preferimos usar apenas o computador. Estamos dominando as máquinas para dominar as pessoas, e não sabemos sequer dominar as nossas más tendências.

Para onde estamos caminhando?

---

11. Lucas, 12: 47 e 48.

Carl Gustav Jung, em uma de suas obras, já alertava para o perigo da transformação do indivíduo em estatística. Com o avanço da tecnologia, viramos um punhado de informações e, se não estivermos atentos, a nossa identidade fica resumida a um perfil de rede social, tudo isso com a conivência da maioria, terminando por desagregar o ser do seu ambiente social e também de si mesmo.

Estamos vagando em grande maioria sem objetivos, sem lembrar que carregamos conosco a mensagem de um Rei. Buscamos espiritualidade e evolução, queremos paz e felicidade, mas não lembramos que esse trabalho é realmente nosso. Traímos a nós mesmos, e não queremos pagar o preço desse desacato.

Transformamo-nos e até nos orgulhamos, de certa forma, de sermos identificados como a sociedade de consumo, a geração do desperdício e dos excessos. O grande problema é que, se estamos vivendo nos excessos no mundo externo, o nosso mundo interno vive em regime de escassez; não preservamos os bens naturais, nem sequer resgatamos os bens morais que possuímos. Não somos vítimas, somos no mínimo cúmplices da violação da nossa alma. Se já recebemos tanto, é muito provável que sejamos cobrados, e não será castigo de Deus, será a nossa própria consciência que nos cobrará o trabalho que não estamos realizando. Queiramos ou não, a vontade, que é atributo do *Self*, conduzir-nos-á ao processo inevitável do autoconhecimento. Conforme afirmava Jung: "Quando uma situação interna não é tornada consciente, ela acontece do lado de fora, como destino".[12] Se não estivermos fazendo as perguntas necessárias para nos tornarmos seres psicológicos, seremos como marionetes conduzidas pelos nossos complexos, principalmente o complexo de poder.

O que poderá acontecer com o nosso coletivo? E com a nossa individualidade?

Mais uma vez Jung[13] nos ajuda a compreender: "O ser humano não-relacionado carece de inteireza, porque ele só pode atingir a inteireza por meio da alma, e a alma não pode existir sem seu outro lado, que é

---

12. JUNG, C.G. *Aion: estudos sobre o simbolismo do si-mesmo.* Petrópolis: Editora Vozes, 1986.

13. JUNG, C.G. *A prática da psicoterapia.* Petrópolis: Editora Vozes, 2004.

sempre encontrado em 'você'. A inteireza é uma combinação de eu e você e estes se mostram como partes de uma unidade transcendente cuja natureza só pode ser completamente entendida de maneira simbólica". Sem a relação com o outro, não existe o desenvolvimento do Eu, pois a *individuação* não é um processo narcisista, tampouco individualista, ao contrário, é uma ampliação da consciência de responsabilidade com o outro e o mundo, é uma certeza de que o meu aprimoramento intelecto-moral e espiritual proporciona também a melhora do mundo como um todo.

Se nos ocuparmos apenas em atender ao *ego*, ficaremos presos no carrossel dos desejos, e a capacidade de atender a vontade do *Self* permanecerá adiada. Temos, todos nós, uma enorme dívida com o mundo: respeito e comportamento ético. A caridade que realmente precisamos praticar passará sempre pela enorme e urgente necessidade de nos tornarmos nós mesmos, mas ainda não aprendemos a respeitar o chamado de cada pessoa e muitas vezes disputamos e atrapalhamos a possibilidade do outro tornar-se ele mesmo. Se não apoiamos as possibilidades uns dos outros, o comportamento ético fica cada vez mais distante, e deixamos de contribuir com o que há de melhor em nós.

Todo o contexto social em que nos encontramos nos direciona para o atendimento das expectativas externas; mas, sempre que tentamos nos adaptar em demasia, corremos o risco de sermos roubados do nosso bem mais precioso: nossa alma. Porém, como o *Self* tem sua própria vontade, ele reage, por isso nos deprimimos, perdemos a vontade de viver, pois a vida perde o sabor, e não é de se estranhar a intensa incidência de doenças psicossomáticas.

A evolução do planeta está ligada ao nosso processo de *individuação*, como intuitivamente Teilhard de Chardin[14] dizia: "O Homem ou o fenômeno humano é o ponto de partida, o centro e o ponto de convergência de toda a evolução do universo". Muito antes, Jesus já nos convocava: "Vós sois deuses".[15] Somos o máximo da evolução do planeta, desde o primórdio dos tempos lutamos pela vida, e agora precisamos lutar com o intuito de sermos cada vez mais conscientes, abrindo mão da acomodação para deixar nascer o homem e a mulher da nova era.

---

14. CHARDIN, Teilhard de. *O fenômeno humano.* 9. ed. Editora Cultrix, 2014, p. 26.
15. João, 10:34.

Em que acreditar?

Por mais que fujamos dessa responsabilidade, em algum momento da nossa vida iremos nos deparar com essa questão: em que acredito? Muitos pensadores, incluindo Karl Marx,[16] sugeriram durante séculos que "a religião é o ópio do povo"; para Freud, era a neurose infantil em busca de resgate. Será que Freud estava totalmente errado? E Marx e tantos outros?

Quando não estamos atendendo a vontade do *Self*, ficamos suscetíveis às crenças que nos garantem salvamento, fascinados pela ideia de que somos especiais e, como seres embriagados, acreditamos em qualquer coisa que nos digam, contanto que não precise de sacrifício. Fazemos da religião que abraçamos, muitas vezes, palco para a projeção do *ego* e ainda achamos que podemos controlar até mesmo a vontade de Deus. Por não resolvermos os nossos conflitos internos, transferimos nossas questões para os centros religiosos, tentando garantir para nós um "lugar no Céu".

Infantilmente nos deixamos alienar e encarceramos a grandeza espiritual na pequenez da nossa percepção egoica. Será mesmo essa a vontade da "alma", será mesmo que é isso que Deus espera de nós? Alienados, barganhamos com Deus, *serei bom e coisas boas acontecerão...* E se não acontecer? Assim como Jó, perguntaríamos: "O que fiz de errado?",[17] e a resposta sem dúvida será: nada.

Talvez seja essa a questão, não estamos fazendo nada de mais, apenas acomodando nossas questões na esperança de que tudo se resolverá num passe de mágica, mantendo a falsa esperança de que estamos realmente no controle da situação e que a angústia que nos visita irá desaparecer um dia. Não! Não é nada disso que Deus espera de nós. Não é nada disso que o *Self* pretende realizar. O *Self* precisa se transformar, e quanto mais resistirmos e adiarmos essa transformação, mais dolorosa ela será.

Será que queremos viver uma experiência profunda?

Se ainda queremos controlar o fluxo natural da vida, se não respeitamos as individualidades, inclusive a nossa, se não temos um com-

---

16. MARX, Karl. *Crítica da filosofia do direito de Hegel*. 2. ed. São Paulo: Boitempo, 2010, p. 145.

17. Jó, 34:1-37.

portamento ético, a resposta é não, não estamos prontos! Agora, se já existe uma possibilidade de ir além do desejo e da necessidade infantil de sermos sempre atendidos, então uma experiência verdadeiramente religiosa pode acontecer. É preciso encontrar um jeito novo de viver a vida, um encontro com a própria "essência", uma resolução madura para realizar a jornada. Abrir mão da *persona* e revelar-se para si mesmo, encontrar e encantar-se com o mistério da vida.

Abraçamos causas religiosas e nos esquecemos de criar um relacionamento profundo com a nossa realidade psicológica pessoal, como já indicava Jung. Sem uma experiência real, não existe religiosidade; sem transformação pessoal, não estaremos atendendo "a vontade do nosso amo". Sabotamos e permitimos que sabotem a nossa jornada pessoal, que é o nosso trabalho, a nossa obrigação de realizar. Violamos a nossa alma e deixamos de viver uma experiência religiosa genuína.

O que nos será pedido?

Integridade. Precisamos dar valor à nossa experiência pessoal, ouvir a voz interior, compreender que, mesmo que tentemos disfarçar quem somos, negar o que sentimos, tentar decorar a história que não escrevemos e atender os anseios dos outros, no final o vazio aparece. A vida clama pela Vida, e o *Self* sabe disso. É necessário aceitarmos que somos maiores do que conseguimos perceber, precisamos transcender, e, se não realizarmos isso, "contas muito maiores" nos serão cobradas. Separemos o joio do trigo, pois não iremos muito longe se continuarmos tentando "servir a dois senhores".

Vontade. A vontade que nos mantém firmes na luta com nossos monstros internos, que nos mantém ligados a algo maior, que nos empurra ao encontro da verdade que somos, do ser que somos. A vontade de sermos homens e mulheres que, cada vez mais conscientes, mudaremos a nós e ao mundo realizando a "vontade do nosso amo", porque, "na verdade, duvido que haja para o ser pensante instante mais decisivo do que aquele em que, caindo-lhe as escamas dos olhos, ele descobre que não é elemento perdido nas solitudes cósmicas, mas que é vontade universal de viver que nele converge e se hominiza".[18]

Pode haver algo de mais grandioso do que isso?

---

18. CHARDIN, Teilhard de. Op. cit., p. 28.

*Estás convidado a uma jornada exemplar, rica de lições e experiências enriquecedoras de paz e sabedoria, as únicas de sabor imortalista, que propiciam alegria de viver.*

•••

*Joanna de Ângelis/Divaldo Franco*

# 8

# DESCONTENTES

**Descontentes** – *Joanna de Ângelis*
***O complexo de vitimização*** – *Cláudio Sinoti*
***A Estrada de Tijolos Amarelos*** – *Iris Sinoti*

### Descontentes
*(Joanna de Ângelis)*

Pessoas existem que estão sempre inconformadas diante de tudo, especialmente em relação a elas próprias.

Sempre se encontram descontentes, observando o que consideram erro nos outros, como se fossem modelos de perfeição, irretocáveis.

Infelizmente, o seu senso de observação é defeituoso, caracterizado pela *trave* que lhes dificulta a visão, o discernimento.

Censuram o próximo de forma inclemente, têm as suas preferências e detestam o êxito daqueles que os cercam. Em consequência, vigiam-nos como verdadeiros inimigos, apontando-lhes as imperfeições reais ou imaginárias.

Seu mau humor é voltado contra tudo que pensam ameaçar-lhes o *ego*, e conseguem transformar-se em campeões da intriga e da maledicência.

Ninguém está livre desses fiscais da vida alheia, que se comprazem em injuriar os demais que lhes são amigos e de que se utilizam sempre que têm necessidade. Nesses momentos, fazem-se afáveis, de voz aveludada, que mais tarde transformam em lâmina afiada para os reprochar.

Esquecem com facilidade o bem que recebem, por se suporem merecedores de todos os favores, mesmo que os não retribuam.

São lobos mascarados de ovelhas mansas...

Não lhes dês chances de empestarem os teus ouvidos, envenenando a tua mente.

Estão doentes, e não se dão conta, comprazendo-se no comportamento mórbido como fuga inconsciente das próprias aflições a que se encontram aprisionados.

Perderam-se no rumo, e o desvio por onde seguem é cheio de armadilhas, em que tombam sem consciência.

Não escaparás desses descontentes com a vida. Eles sorriem para ti e difamam-te com a mesma face, com naturalidade.

Preferem a inimizade ferina à fraternidade edificante.

Acostumaram-se ao sórdido ambiente mental do seu próprio mal-estar.

Intimamente, talvez, gostariam de ser melhores, brandos e amigos de coração, mas ainda não conseguiram superar as imperfeições que lhes remanescem dos períodos primários transitados.

Mantém-te fiel à tua própria observação, e não te permitas influenciar de uma ou de outra maneira – nos elogios ou nos reproches –, porque eles nem sequer são amigos de si mesmos.

Não os discrimines, nem os encorajes nas suas tricas e malquerenças.

O colégio galileu organizado por Jesus era constituído por homens simples, não acostumados às ilusões ou às distrações terrenas.

Todos forjaram o caráter no trabalho, mais pesado para uns do que para outros.

Nada obstante, não poucas vezes, a inveja, o ciúme, o descontentamento feriam-nos a ponto de se olvidarem da lídima fraternidade que deveria viger entre todos e de que o Mestre dava os mais elevados exemplos.

Advertidos, buscavam corrigir-se, para logo depois derraparem em nova irreflexão, em campo de descontentamento.

Todo Espírito tem sede do Infinito, mas não sabe descodificar essa sublime aspiração, experienciando as pequenezes que lhe parecem de alta significação.

Tão logo se voltaram para a seara em que deveriam trabalhar e todo o enfoque comportamental mantido no amor deles fizeram heróis e mártires que comovem os séculos e fascinam os amantes da beleza e da verdade.

Não te facultes combater esses irmãos aturdidos, os descontentes, a fim de que não tombes nos seus conflitos, pois que também os tens.

A vigilância sobre as paixões humanas que se disfarçam na conduta deve constituir-te fonte de iluminação, alterando por completo, para melhor, a tua forma de ver, a tua maneira de ser.

Aquele que pretende superar as marcas do passado delituoso encontra contínuos empecilhos que deve transformar em degraus de ascensão.

Estás convidado a uma jornada exemplar, rica de lições e experiências enriquecedoras de paz e sabedoria, as únicas de sabor imortalista, que propiciam alegria de viver.

Se te tornares cumpridor dos deveres que te dizem respeito, respirarás melhor oxigênio emocional e te sentirás livre das amarras que te cerceiam a movimentação, porque estarás livre.

Volve-te para dentro, de modo que estejas desperto para a luz divina.

Quem a busca vara a escuridão e a alcança.

O mundo padece atrofia do amor e da renovação moral.

Se te transformas, todo o mundo faz-se mais ditoso, não o duvides.

Nos níveis inferiores há o descontentamento, enquanto que nos superiores permanecem a alegria e o prazer da compreensão e da harmonia.

Convence-te de que Jesus é o Caminho seguro e, haja o que houver, segue-O com simplicidade.

Tudo n'Ele é despojamento, naturalidade, pureza de coração.

Recupera a ingenuidade, o sorriso franco e gentil, compreendendo que os descontentes ascenderão também ao mesmo patamar em que te encontras através do tempo, porque Jesus os aguarda, e nunca te deixes por eles perturbar.

## *O complexo de vitimização*
### (Cláudio Sinoti)

Um dos requisitos para a conquista da maturidade é libertar-se da queixa sistemática, que às vezes se torna tão arraigada no comportamento que o indivíduo não se dá conta de que alimenta o *complexo de vitimização*. Como todo complexo que se reúne de forma negativa, o da vítima cria uma percepção equivocada da vida e das circunstâncias, que passam a ser vistas a partir de uma ótica distorcida e pessimista, na qual tudo e todos parecem conspirar contra o indivíduo.

Os que se mantêm aprisionados a esse complexo assumem as mais diversas posturas, que indicam a imaturidade psicológica na qual estagiam. Alguns comportamentos típicos desses indivíduos são:

– Evitam assumir responsabilidades, porquanto, se assim procederem, terão que reconhecer os próprios erros, e isso a vítima quer evitar a qualquer custo.

– Tendem a buscar algum culpado para a situação em que se encontram e, de forma consciente ou inconsciente, terminam por atrair para o círculo próximo "algozes" nos quais coloquem a culpa por seus insucessos e sofrimentos.

– Analisam a própria história a partir de um olhar estreito, exaltando o sofrimento, abandono ou negligência de que acreditam terem sido vítimas.

– O sofrimento a que são submetidos sempre parece mais intenso do que o dos outros e, em uma postura egotista, sempre apresentam um problema maior quando alguém tenta lhes contar alguma situação difícil, ou mesmo minimizam a dor do outro, na tentativa de exaltar a própria dor.

– Não aceitam as sugestões ou soluções que lhes são dirigidas, porque isso significaria reconhecer neles a força de superação dos problemas ou a capacidade de lidar com eles. Assim procedendo, arrumam sempre alguma desculpa para não fazerem o que devem ou podem fazer.

A partir desses e de outros comportamentos, acreditam que são o resultado do que os outros lhes fizeram, nunca se colocando na condição de cocriadores e responsáveis pela própria existência. No entanto, conforme adverte James Hillman,[1] "quanto mais minha vida for explicada pelo que já ocorreu em meus cromossomos, pelo que meus pais fizeram ou deixaram de fazer e pelos anos remotos de minha infância, tanto mais minha biografia será a história de uma vítima".

Certamente algumas histórias são dolorosas e tristes, mas será que, quando nos colocamos na condição de vítima, não perdemos a oportunidade de ver por trás dessas experiências um chamado da vida para nos libertarmos? Será que nossa força heroica não necessita, às vezes, de situações desafiadoras para que possa ser acionada? Diversos exemplos nos dizem que sim, de indivíduos que, tendo passado por situações extremas, conseguiram superar-se a partir da força interna que descobriram.

Viktor Frankl passou anos terríveis nos campos de concentração durante a 2ª Guerra Mundial, simplesmente pelo "crime" de ser de etnia judaica. Passou por experiências dolorosas, entre elas o assassinato da esposa e dos pais pelos nazistas, sem contar os maus-tratos pessoais a que foi submetido. De tudo que viveu, conseguiu extrair experiências valiosas e criou a logoterapia, ensinando a busca do sentido da vida a tantos quantos o buscaram e ainda procuram nas suas obras.

Mohandas Gandhi poderia ter se considerado vítima do preconceito racial e se limitado a essa condição, em face dos maus-tratos pelos quais passou em diversas situações, especialmente na África do Sul, quando foi expulso a pontapés de um trem por ter a epiderme escura. No entanto, escolheu munir-se de armas internas para enfrentar todo tipo de submissão e, sem necessidade de instrumentos de destruição, ajudou a libertar a Índia do jugo imperialista, tornando-se Mahatma: grande alma.

Deitado por horas exaustivas em um andaime de 16 metros, com a tinta que pingava do teto a prejudicar-lhe a visão, Michelangelo poderia ter se entregue a lamentar as dores extenuantes que sentia na cabeça e no corpo e se negado a prosseguir em seu labor. Fizesse isso, não teria

---

1. HILLMAN, James. *O código do ser -- uma busca do caráter e da vocação pessoal.* 1. ed. Rio de Janeiro: Objetiva, 1997, p. 13.

o teto da Capela Sistina a mesma beleza, porquanto faltaria o brilho da obra magistral do gênio italiano.

Se Madre Teresa de Calcutá preferisse reclamar das condições subumanas para o trabalho de caridade a que se dedicou, das condições higiênicas quase inexistentes e do auxílio mínimo que recebia, não teríamos hoje o trabalho das Missionárias de Caridade, que beneficia até os dias atuais milhões de pessoas excluídas ao redor do mundo.

Kim Phúc, eternizada na foto da Guerra do Vietnã como "a menina do napalm", teria graves motivos para passar toda uma vida se lastimando, pois até os dias atuais tem pesadelos com a guerra e sente dores terríveis, em consequência das queimaduras que atingiram 2/3 do seu corpo, que teve de ser submetido a mais de uma dezena de cirurgias para recuperar-se em parte. Apoiada na fé, encontrou forças para reagir e perdoar os seus algozes, criando uma fundação de apoio às crianças vítimas de guerras e viajando pelo mundo para realizar conferências, a fim de que sua vida sirva de exemplo para a construção da paz.

Esses e outros exemplos de mulheres e homens notáveis nos confirmam que a vida é sempre superior ao que nos sucede. Os eventos desafiadores que ocorrem têm por meta despertar o *Self*, a consciência superior de que somos portadores, mas na maioria das vezes não nos damos conta disso. Como bem observa o psiquiatra junguiano Carlos Byington, "ego maduro é aquele capaz de lidar com as frustrações",[2] e completaríamos dizendo que sábios são aqueles que, além de lidarem com as frustrações, passando por elas encontram forças para se superarem. Quando bem aproveitados, os "insucessos" exercitam a capacidade criativa, a habilidade de encontrar saídas para os conflitos mais difíceis ou forças para lidar com situações que parecem inevitáveis.

Conforme narram alguns estudiosos da música brasileira, certa feita o maestro e compositor Antônio Carlos Jobim recebeu um telefonema do caseiro que cuidava do seu sítio, o qual dizia que a situação da construção da casa por lá estava muito complicada. Muita chuva, pedras, pedaços de pau, pregos, vidros espalhados pelo caminho e muitas dificuldades para terminar a estrada que o compositor lhe havia pedido

---

2. Entrevista com o psiquiatra junguiano Carlos Byington. Disponível em: <https://www.youtube.com/watch?v=d4BD0XG2uXc>.

para construir, que possibilitaria melhor acesso à sua propriedade. O maestro teria escutado pacientemente as queixas e lamentações do caseiro, pois estava tão centrado na composição do novo álbum, ao qual se dedicava, que só poderia resolver a situação posteriormente. Mas tudo aquilo que poderia ter se tornado motivo de queixa, a partir da inspiração de Tom Jobim se transformou numa das mais belas e famosas canções da Música Popular Brasileira:

*É pau, é pedra, é o fim do caminho/ É o resto de toco, é um pouco sozinho/ [...] É um estrepe, é um prego, é uma ponta, é um ponto/ É um pingo pingando, é uma conta, é um conto/ [...] São as águas de março fechando o verão/ É a promessa de vida no meu coração.*[3]

O exemplo do grande compositor é o retrato do que podemos fazer com as queixas, transformando tudo o que nos serve de motivo de lamentação em possibilidades criativas, não permitindo que os eventos negativos ameacem a nossa esperança, a *promessa de vida* que sempre deve habitar em nosso mundo íntimo, para que prossigamos conscientes na jornada de *individuação*.

Certa vez, realizando um encontro de grupos, enquanto fazíamos reflexões sobre o complexo de vitimização, uma das propostas feitas aos participantes para perceberem a forma como a vida podia ser diferente foi refletirem a respeito do seguinte questionamento: – O que mereço da vida?

Uma das presentes, após dar-se conta do tempo que havia perdido em lamentações a respeito do que haviam "feito com ela", teve um momento de inspiração e declarou:

*– O que eu mereço? Mereço viver e ser feliz, com leveza e experiências novas; mereço amar e ser amada, eu mereço ser eu. Eu mereço viver a minha história.*

Merecemos ser felizes, libertando-nos do peso daquilo que acreditamos terem feito conosco, o que nos permitirá viver com leveza as experiências novas que a vida nos apresenta a cada dia.

Merecemos amar e sermos amados, mas para isso temos que nos livrar do ressentimento ampliado pela vitimização e perceber que o

---

3. JOBIM, Tom. Águas de março. In: JOBIM, Tom; BOSCO, João. *Disco de bolso: o tom de Jobim e o tal de João Bosco.* 1 vinil. Rio de Janeiro: Zem Produtora Cinematográfica e Editora Musical Ltda., 1972.

amor é uma escolha de cada dia, e que quando amamos estamos escolhendo a melhor parte, a que nos conecta à essência de nós mesmos. Assim fazendo, conquistamos um "novo eu", o Eu verdadeiro que somos, vivendo a nossa história, libertos da história que achamos que os outros criaram para nós.

O livro das nossas vidas, de nossa própria autoria, não merece ser a trajetória de uma vítima!

## *A Estrada de Tijolos Amarelos*
### (Iris Sinoti)

*É preciso que sejam os seus pés a marcar o destino.*
José Saramago[4]

Qual de nós não acalenta a certeza de que uma vida melhor nos espera em algum lugar?

Todos nós, de certa forma, sabemos que tudo pode sempre melhorar, mas o que impede que isso aconteça é esperar essa melhora acontecer independentemente dos nossos esforços, como num passe de mágica, por meio do qual seríamos transportados para esse mundo das delícias e pronto: tudo resolvido!

Já sabemos que o mundo externo não vai mudar sem que o nosso mundo interno mude, e, por mais que reclamemos e nos queixemos, a situação não irá melhorar porque resolvemos gritar como crianças mimadas e assustadas diante da vida. Justamente porque a vida pode ser melhor em alguns momentos, principalmente naqueles em que vivenciamos grandes dificuldades, sentimos como se estivéssemos vivendo abalos sísmicos que estremecem nosso mundo interno, dando-nos a forte sensação de que tudo irá ruir. Muitas vezes é exatamente isso o que acontece, o mundo conhecido do *ego* desmorona e tudo o que acreditávamos seguro nos escapa das mãos.

---

4. MENDES, Miguel Gonçalves. *José e Pilar – conversas inéditas*. 1. ed. São Paulo: Companhia das Letras, 2012, p. 41.

Momentos assim deveriam ser recebidos como verdadeiros presentes, como se uma mão interna nos puxasse de volta para o nosso verdadeiro caminho ou possibilitasse que o buscássemos. Mas a maioria de nós prefere ficar na queixa, sem sequer tomar para si a responsabilidade da situação vivida. Esse era o momento de nos perguntarmos, assim como Freud costumava propor para seus pacientes: qual a minha responsabilidade na desordem da qual estou queixando-me?

Quando nos falta responsabilidade para assumir as consequências dos nossos atos, sobra-nos imaturidade e, consequentemente, caímos nas águas mornas da queixa e da lamentação.

Será que estamos usando todos os nossos recursos para alcançar a felicidade almejada? Ou estamos enterrando os nossos talentos?

Buscamos respostas, e muitas vezes não fazemos a pergunta certa à pessoa certa: nós mesmos. O que estamos fazendo com nossas vidas?

Em 1900 o escritor L. Frank Baum, norte-americano e membro da Sociedade Teosófica de Madame Blavatsky, escreveu uma obra rica em símbolos – *O Mágico de Oz* – que muito lembra a nossa jornada na conquista da integridade. A obra tem como personagem principal Dorothy, uma garota órfã que vive em uma fazenda no Kansas com os tios. De certa forma, Dorothy somos nós.

O arquétipo do órfão que reside em nós é um impulso que nos ajuda a enfrentar a queda, ele nos impulsiona a sair do estado de inocência, de permanência das coisas.

A fazenda é apresentada como um lugar cinzento e triste, onde Dorothy tem como melhor amigo seu cãozinho Totó. Inicialmente feliz, ela começa a sonhar com uma vida melhor.

Assim somos nós e, enquanto as nossas vontades são atendidas, acreditamos que tudo está bem, mesmo quando em condições cinzentas. Mas a necessidade de segurança do *ego* nos acomoda, até o momento em que o *Self* começa a provocar a vontade de mudança, e o anseio por nova vida começa a aparecer.

Como a tentativa do *ego* é de manter-se em segurança, resistimos. Ao resistirmos, acontecem os ciclones que nos arrastam, obrigando-nos a mudar. Somos irremediavelmente arrastados para o inconsciente, e nessas ocasiões a depressão pode ser uma das formas de manifestação, assim como a ansiedade. Nesse estágio, os motivos de queixa poderão ser percebidos por um ângulo diferente e novas perspectivas poderão ser delineadas em nossa vida se realmente estivermos dispostos à mudança.

Dorothy e Totó foram levados para as terras do Mágico de Oz. Somos levados para as estranhas terras do inconsciente, onde teremos que encontrar nossas partes separadas e integrá-las.

Nesse mundo misterioso do inconsciente nos depararemos com nossos conteúdos sombrios, tanto aqueles conhecidos e reprimidos como aqueles que nunca tiveram chance de chegar à consciência. Na trajetória de Dorothy, assim como na nossa, iremos encontrar energia disponível nesses conteúdos abandonados e rejeitados da *sombra*. Dorothy mata acidentalmente a Bruxa Má do Leste, pois a casa cai justamente em cima desta, e fica com os sapatos mágicos dela, que cabem perfeitamente nos seus pés. Tudo o de que precisamos, todas as respostas que procuramos estão disponíveis em nós, bastando que nos empenhemos para encontrá-las.

O sapato é um símbolo muito importante, porque ele nos protege no caminhar, indicando que é hora de seguirmos o caminho que pertence unicamente a nós. Esse é o início do processo de *individuação consciente*, no qual deixamos de lado as reclamações e tomamos as rédeas da vida em nossas mãos. Viver a realidade da vida, pôr os pés no chão, com todos os ônus e bônus, reconhecendo que, se ainda não estamos vivendo como gostaríamos, é muito provável que não estejamos fazendo o que é preciso ser feito.

Quando começamos uma nova trajetória, damos início a nova fase evolutiva, e o primeiro passo consiste em dar fim aos comportamentos escravizadores, ou seja, deveremos encontrar em que parte da nossa psique mantemos aspectos criativos reprimidos por complexos castradores. Na nossa estória, a Bruxa Má do Leste escravizou por muitos anos os Munchkin, um povo cheio de generosidade e também excelentes agricultores. Esses aspectos retidos, quando são libertos, podem gerar muitos ganhos psíquicos. Assim sendo, precisamos arar a nossa terra, estruturar o *ego* para que renda frutos, e virtudes como a generosidade nos auxiliam nesse processo.

É nesse ponto da jornada que muitas vezes os sintomas aparecem, porque, se resistimos às mudanças necessárias, toda a energia disponível se volta contra nós. Alguns desistem por acreditarem que não merecem ter uma vida melhor, o que esconde um não querer se transformar, porquanto uma vida melhor também implica ser uma pessoa melhor; ou desistem por medo do fracasso, o que mostra também grande orgulho, pois que têm dificuldade de reconhecer os erros, e de qualquer maneira os sintomas físicos ou emocionais irão aparecer. Por isso Jung alertava que a "neurose é o sofrimento de uma alma que não descobriu o seu significado".[5] Não entendemos aqui a neurose como patologia, mas como uma desconexão, ter perdido o endereço de si mesmo.

A Bruxa Boa do Norte indica o caminho que Dorothy deve seguir para encontrar o Mágico de Oz na Cidade das Esmeraldas, pois só ele teria poderes capazes de fazê-la retornar para casa, e para isso era preciso ir pela Estrada de Tijolos Amarelos. Ela alerta a garota de que o percurso é longo e que esta encontrará locais agradáveis, mas também regiões terríveis e escuras. Por fim, beija a testa da menina, um beijo mágico para protegê-la. Quando nos unimos aos nossos aspectos nobres, sentimo-nos engrandecidos e protegidos por forças que nem sabíamos possuir. Esse é o momento de começarmos a caminhada, com esperança de que tudo pode ser melhor.

Não são raras as vezes que, mesmo acreditando na mudança, somos tomados por pensamentos pessimistas que consomem nossas forças, como corvos que invadem as plantações e as devastam. É nesse momento que precisamos encontrar o nosso espantalho, sim, aquela parte nossa que fica presa apenas administrando cada pensamento inadequado em vez de examinar a sua origem e adquirir conhecimento sobre si. Dorothy se encontra com o Espantalho, que deseja muito um cérebro, porque tem palha em lugar de um e acredita ser burro, não sabendo muito da vida. O curioso é que na narrativa, quando ele estava sendo confeccionado, primeiro lhe deram orelhas, e ele só ouvia; depois ele ganhou olhos e passou a ver o mundo; por último lhe deram boca, que ele não usava por não saber o que fazer com ela. É outra grande lição para nossa caminhada: aprender a ouvir, a ver e, só depois, falar se for necessário, pois assim diminuímos muito a nossa tagarelice, tanto

---

5. JUNG, C.G. *Psicologia e Religião.* Petrópolis: Editora Vozes. Edição, 1999.

externa quanto interna, até porque a escuridão interna é tão intensa que teremos apenas o nosso instinto e nossa voz interna a nos guiarem, e saber calar nesses momentos pode nos salvar.

Durante a caminhada com o Espantalho, tudo começou a ficar cinzento novamente, e Dorothy logo percebeu que ele caía em todos os buracos do caminho, pois, diferentemente dela e de Totó, não desviava deles. Assim somos nós quando não usamos adequadamente a força do pensamento, ficamos presos a ideias pessimistas, deixando de aprender com as dificuldades do caminho por só nos lamentarmos, o que faz com que caiamos sempre nas dificuldades da estrada.

Fechamo-nos tanto para não sofrer que terminamos por construir verdadeiras armaduras, e até nos orgulhamos delas, pois afinal brilham no sol; o problema é que terminamos por sufocar nossos gemidos, enferrujados que estamos nos nossos sentimentos. Será que estamos escutando o nosso coração, ou estamos como o Lenhador de Lata da estória de Dorothy, em busca de um coração? Quanto estamos machucando alguém e a nós mesmos por medo de amar e de receber amor? Encontrar-se com o Lenhador foi importante para ela, porque com seu machado ele conseguia abrir os caminhos densos da floresta, que ficava cada vez mais fechada. Seremos testados na nossa capacidade de amar, já que, como dizia o lenhador: "Ter um coração garante a paixão e só assim o homem é feliz. E a felicidade é a melhor coisa do mundo".[6]

Queremos ser felizes, mas será que temos coragem suficiente para isso? Ou somos como o Leão Covarde, que ruge ferozmente para afastar todos de si por medo da aproximação, por medo de viver a vida? Poderemos suportar uma vida assim?

Para ampliarmos a consciência é necessário desenvolver todas as nossas funções, pois não poderemos chegar à Cidade das Esmeraldas se não estivermos em contato com a intuição (Totó), a capacidade de sentir (o Leão Covarde), a capacidade de pensar corretamente (o Espantalho) e a capacidade de amar (o Lenhador de Lata). Só assim poderemos encontrar nossas respostas e voltar para casa.

---

6. BAUM, L. Frank. *O Mágico de Oz*. 1. ed. Editora Zahar, 2013, p. 58.

É muito provável que no caminho nos decepcionemos e caiamos na tentação de culpar os outros por nossas derrotas, que descubramos que aqueles em quem confiávamos não são tão confiáveis e que não existem passes de mágica para resolver os nossos problemas. Na estória, o Mágico de Oz não podia ajudar Dorothy, pois que ele era uma farsa, não tinha poderes mágicos. Amadurecemos quando somos capazes de assumir o nosso poder pessoal, porque"somos deuses", como afirmou Jesus, e precisamos assumir nossas vitórias e derrotas com dignidade.

Só assim descobriremos que as soluções de todos os nossos problemas e conflitos se encontram em nossas mãos. No caso de Dorothy, nos pés, porquanto outra bruxa boa se aproxima dela e diz-lhe que os sapatos que ela usava todo o tempo tinham poderes mágicos e poderiam levá-la para casa quando ela estivesse pronta, fazendo com que cada um dos seus amigos ganhasse um reino para governar.

Está em nós o poder de mudar a nossa vida. Portanto, deixemos a queixa e a lamentação e percorramos *a estrada de tijolos amarelos* da fé e da esperança, para que possamos voltar para casa enriquecidos de sabedoria, como o filho pródigo que volta para os braços amorosos do seu pai.

*Faze uma análise da tua
invidência moral e intelectual,
embora a tua visão perfeita.
Não titubeies em definir o teu rumo,
que é viver Aquele que nos deu a
vida para que tivéssemos vida.
És vítima de alguma cegueira?*

•••

Joanna de Ângelis/Divaldo Franco

# 9

# CEGUEIRA

**Cegueira** – Joanna de Ângelis
**Os olhos da alma** – Cláudio Sinoti
**O essencial** – Iris Sinoti

### Cegueira
*(Joanna de Ângelis)*

A questão da cegueira é muito complexa no que diz respeito ao comportamento humano, especialmente daqueles que se apresentam sob essa provação dolorosa.

Há os indivíduos que enxergam pela sensibilidade de que se fazem portadores, conduzindo-se com segurança ética e devotamento aos ideais abraçados. De igual maneira existem aqueles que enxergam e se movimentam em lamentável escuridão moral, distantes da claridade do dever e do amor.

O Evangelho de Marcos[1] refere que Jesus, chegando a Jericó, cercado pela multidão, esparzia misericórdia e compaixão, enquanto um cego de nascença, Bartimeu, filho de Timeu, ouvindo falar que se tratava do Nazareno, começou a clamar: – *Filho de Davi, tem compaixão de mim.*

Naturalmente, todos reclamavam, sugerindo que se calasse, mas ele gritava mais alto. Então Jesus parou e disse: – *Chamai-o.*

---

1. Marcos, 10:46-52 (nota da autora espiritual).

O sofredor, quase de um salto, acercou-se-Lhe, e Ele perguntou-lhe: – *Que queres que eu te faça?*

Respondeu-Lhe o cego: – *Mestre, que eu veja.*

Jesus liberou-o da cegueira, dizendo-lhe: – *Vai, a tua fé te salvou.*

E o paciente recuperou a visão e O acompanhou.

Na mesma cidade, um publicano rico,[2] detestado por muitos coetâneos por causa da sua profissão, vitimado pelo vazio existencial, embora a fortuna que acumulou, anelava poder ver o Nazareno. Em razão da sua pequena estatura, não conseguindo abrir uma brecha na massa compacta que O seguia, subiu num sicômoro e, deslumbrado, viu-O no momento em que Ele, olhando-o, disse-lhe: – *Zaqueu, desce depressa; porque importa que eu fique hoje em tua casa.*

Exultante, o cobrador de impostos correu ao lar e recepcionou-O com incomum ternura.

Entregou-Lhe a existência, porque, após vê-lO e recebê-lO no lar, nunca mais foi o mesmo.

Ainda nessa mesma Jericó das fontes, das flores e dos laranjais, uma enferma, portadora de um fluxo sanguíneo,[3] viera de longe para vê-lO.

Corajosa, enfrentou a multidão que a empurrava e tocou-O com os olhos marejados de lágrimas, e uma "virtude d'Ele desprendeu-se" e curou-a.

Ela, reconhecida, seguiu-O e, após a Sua morte, continuou a viver na sua cidade os Seus ensinamentos.

Nada obstante, milhares de outros viram-nO e centenas receberam de Suas mãos todo tipo de socorro, e não O seguiram. Eram cegos e ingratos...

Como consequência, o pior cego, diz o refrão, é aquele que não quer enxergar.

---

2. Lucas, 19:2-10.
3. Marcos, 5:25-34 (notas da autora espiritual).

# EM BUSCA DA ILUMINAÇÃO INTERIOR

Há aqueles que nasceram invidentes ou se tornaram, mas enxergam a verdade, conseguem vislumbrar com as percepções do espírito a beleza e seguem na direção da meta que estabeleceram para a existência.

Outros, no entanto, portadores de visão clara e lúcida, são cegos para as verdades, que se negam aceitar.

Cegaram-se com os acúleos do egoísmo, os videntes da presunção, apagaram a luminosidade visual na noite da ignorância, perderam a capacidade de ver para discernir na opulência da falsa cultura.

Desfilam inquietos e necessitados da luz do Evangelho, que se recusam receber por considerá-la impotente para os atender na escuridão em que transitam, embora a falsa impressão que transmitem de superioridade e de contentamento.

Quando sitiados pela dor que a todos alcança, fecham-se na noite interior e debatem-se, revoltados e infelizes. É certo que existem exceções.

Saulo, que O detestava em sua cegueira intelectual, viu-O e adentrou-se em trevas, a fim de dar-Lhe a vida depois.

Francisco Bernardone, na opulência via-O, mas não O compreendia, até eleger a pobreza e o despojamento que lhe permitiram segui-lO e torná-lo o *Sol de Assis*.

Clara, tocada pela visão de Francisco, embora já O houvesse visto, seguiu o *Pobrezinho* e deslumbrou-se com a Sua gloriosa visão.

Teresa de Ahumada, entre ilusões e galanteios, glórias e tormentos, desejava vê-lO, e não o conseguia. Quando Ele se lhe apresentou e pediu-lhe o total abandono de si mesma, foi que realmente conseguiu enxergá-lO, transformando-se na incomparável dama das letras espanholas, doutora da Igreja e exemplo máximo de identificação.

Incontáveis criaturas veem-nO, detêm-se um pouco e seguem adiante, cegos pelas paixões destrutivas.

Somente alguns que tiveram a coragem de enfrentar-se é que O veem e se fascinam, seguindo-O.

Se já viste Jesus através da mensagem de amor e de plenitude de que se fez portador, como te comportas?

135

Permaneces na cegueira do *século* de encantamentos ou te permites o desabrochar do perfume que d'Ele exala?

Faze uma análise da tua invidência moral e intelectual, embora a tua visão perfeita.

Não titubeies em definir o teu rumo, que é viver Aquele que nos deu a vida para que tivéssemos vida.

És vítima de alguma cegueira?

## Os olhos da alma
### (Cláudio Sinoti)

Quando Tirésias foi chamado a opinar sobre um ponto de divergência entre Zeus e Hera, o casal de deuses que regia o Olimpo, para qualquer dos lados que advogasse certamente lhe renderia uma punição da outra parte. Tendo dado razão a Zeus, a vingança de Hera logo foi decretada: foi condenado à cegueira, porquanto ninguém ousava contrariar a caprichosa deusa sem arcar com graves consequências. Penalizado com a situação, mas sem desejar revogar as ordens da esposa vingativa, o que certamente não lhe traria bons frutos, Zeus concedeu a Tirésias o dom da profecia, como forma de recompensá-lo. Não podendo mais ver *para fora*, a partir daquele instante ele o faria *para dentro*.

Por conta desse dom, Tirésias foi procurado por vários personagens dos mitos gregos, como a mãe de Narciso, Liríope, preocupada com o destino da criança que era mais bela que os deuses, e o vidente acertadamente vaticinou que ele viveria *enquanto não se visse.* Também Édipo foi em busca das predições do vidente, embora não tenha tido resistências emocionais para suportar a verdade das revelações...

Entre os vários aspectos psicológicos que podem ser observados nesse personagem mitológico, pode-se afirmar que ele é uma das representações do *arquétipo do velho sábio*, uma fonte interna de sabedoria que, quando acessada, possibilita-nos perceber a vida de forma mais profunda. No entanto, a percepção dessa instância interna precisa ser exercitada para que possa despertar e proporcionar a "visão" com *os olhos da alma...*

EM BUSCA DA ILUMINAÇÃO INTERIOR

Infelizmente essa faculdade de ver a vida a partir dos *olhos da alma* normalmente é negligenciada, especialmente quando se estagia na imaturidade egoica, que faz com que as escolhas existenciais sejam feitas dentro de uma visão estreita, superficial, materialista e hedonista, que costuma se contentar e privilegiar aquilo que gera prazeres e resultados imediatos, mesmo sob o preço de futuras dores e amarguras. Na comparação simbólica estabelecida pelo Mestre Jesus, é como se tivéssemos olhos, mas não enxergássemos, fôssemos portadores de ouvidos, mas não escutássemos, justamente por não acessar essa fonte interna de percepção.

No processo terapêutico, assim como nos meios religiosos, observa-se que é comum os pacientes e fiéis solicitarem aos psicoterapeutas da mente e da alma que opinem sobre determinada situação, que lhes digam qual a escolha acertada a fazer, como se estes pudessem escolher os caminhos para que outros trilhassem. E os que buscam essas respostas externamente, que se mantêm na dependência de gurus que apresentem o caminho a seguir, por terem perdido contato com suas fontes internas de percepção, por se sentirem confusos ou não confiarem em seus próprios sentidos, negligenciam a capacidade de solucionar os próprios enigmas, ou se adentram pela comodidade de deixarem os outros escolherem seus caminhos, tentando fugir da responsabilidade pessoal. Na ilusão do *ego* imaturo, o tesouro é almejado sem a intenção de se fazer a jornada que a ele conduz.

Quando era jovem, o austríaco Franz Xaver Kappus não entendia os motivos que faziam com que periódicos e editoras negassem a publicação dos seus poemas, que na sua avaliação eram boas produções. Ele era militar e no tempo livre se dedicava a escrever, e se sentia frustrado porquanto o seu esforço não alcançava reconhecimento. Certa feita, enquanto estava lendo um livro de poemas no banco da academia militar, veio a saber, por intermédio de um dos seus professores, que o autor do livro também havia sido aluno da academia anos atrás, mas que pelo porte frágil havia sido dispensado. Instigado por essa coincidência, Franz Kappus resolveu escrever ao referido autor para pedir conselhos sobre seus escritos, sem saber que as respostas aos seus questionamentos se tornariam célebres. O poeta em questão era Rainer Maria Rilke.

Agradecendo a confiança do jovem em lhe encaminhar seus poemas, Rilke destina-lhe sábias advertências:

*O senhor me pergunta se os seus versos são bons. Pergunta isso a mim. Já perguntou a mesma coisa a outras pessoas antes. Envia os seus versos para revistas. Faz comparações entre eles e outros poemas e se inquieta quando um ou outro redator recusa suas tentativas de publicação. Agora (como me deu licença de aconselhá-lo) lhe peço para desistir de tudo isso. O senhor olha para fora, e é isso sobretudo que não devia fazer agora. Ninguém pode aconselhá-lo e ajudá-lo, ninguém. Há apenas um meio. Volte-se para si mesmo. Investigue o motivo que o impele a escrever: comprove se ele estende as raízes até o ponto mais profundo do seu coração [...].* [4]

Rilke, em outras palavras, orientava o jovem a buscar a própria alma, a desvendar a si mesmo e desvencilhar-se do olhar contaminado pela busca de sucesso e aprovação, que poderiam vir como consequência, mas jamais deveriam ser a meta. O problema, na maioria das vezes, é que os apelos de projeção da imagem, de exaltação da personalidade e sucesso aos olhares do mundo conseguem seduzir as almas imaturas, alimentando toda uma cultura egocêntrica e doentia, que é vendida como ideal, embora as exceções naturais.

Durante a formação terapêutica, a maior parte das correntes orienta os profissionais a não darem respostas prontas aos pacientes, mas antes os estimular a refletirem, impulsionando-os a buscarem dentro de si mesmos, através da própria percepção, as respostas que procuram. Metaforicamente, os terapeutas devem funcionar como espelhos para que os pacientes possam se perceber. E nas ocasiões em que necessitamos fazer escolhas, realizar alguns questionamentos internos pode servir como exercício terapêutico:

– O que sinto quando penso em cada escolha que posso fazer?

– Quais são as consequências que imagino em cada uma delas?

– Qual estado emocional me domina?

– O que temo enfrentar como consequência de cada escolha?

– O que os meus sentidos dizem?

– O que minha alma quer de mim nesse desafio?

---

4. RILKE, Rainer Maria. *Cartas a um jovem poeta*. 1. ed. Porto Alegre: L&PM Editores, 2006, p. 24-25, grifos nossos.

– Caso alguém apresentasse para mim essa mesma situação, o que sugeriria?

Essas e outras questões auxiliam no exercício de refletir, de questionar-se, de buscar respostas e estar atento aos próprios sentidos, estimulando o contato com o *velho sábio* que existe em cada um.

Em todo esse processo, é válido se perguntar: quando foi que perdemos os nossos "olhos de ver"? Em que momento nossos sentidos foram contaminados, intoxicados, fazendo com que perdêssemos a capacidade de perceber de forma clara os caminhos que devemos seguir, as escolhas que devemos fazer? O que é preciso fazer para resgatar a nossa capacidade de olhar a vida com novas lentes?

Um dos caminhos é resgatar o olhar da criança interna, que se maravilha com cada coisa que vê, que é curiosa e explora o mundo, e essa atitude permitirá que possamos redescobrir o mundo com os nossos próprios olhos, e não com o olhar contaminado pelo pessimismo e amargura que nos contaminaram. Esse mundo de alta tecnologia, se de um lado proporcionou maravilhas, ainda não foi capaz de tocar nossa alma, porquanto perdemos o contato com ela.

Também é preciso que o nosso olhar resgate a compaixão, porque de tão acostumados a ver a miséria que campeia ao nosso redor, de ver doentes ao nosso lado (e de sermos esses mesmos doentes), passamos a acreditar que tudo isso é normal, mas não é. O *normal* do ser humano é a saúde, pois sua meta é a plenitude. Nosso comportamento natural é o da compaixão e da solidariedade, não o do isolamento e da indiferença. Ou seja, os olhos da alma auxiliam no resgate da dimensão do sentimento.

Toda essa arte de "ver" precisa ser exercitada, pois que, como bem dizia Rubem Alves, "o ato de ver não é coisa natural. Precisa ser aprendido".[5] Esse aprendizado é uma escolha de cada dia e, quando exercitado, um dia nos permitirá resgatar os olhos do espírito, a partir dos quais nos perceberemos como uma realidade muito mais profunda do que a limitada visão do *ego* nos permite.

---

5. ALVES, Rubem. *A complicada arte de ver*. Folha de S. Paulo, Sinapse, 26 out. 2004. Disponível em: <http://www1.folha.uol.com.br/folha/sinapse/ult1063u947.shtml>.

Na obra magistral *Édipo rei*, de Sófocles, quando o rei Édipo buscou saber de Tirésias a verdade sobre a maldição que assolava Tebas, o cego vidente fez a seguinte reflexão: "Como é terrível o saber, quando o saber de nada serve a quem o possui".[6] Na sequência do mito trágico, o sofrido rei grego cega a si mesmo ao saber que havia sido, sem dar-se conta, o assassino de Laio, seu próprio pai, causando a calamidade que atingia Tebas. Simbolicamente, ao cegar-se, Édipo precisava reconectar-se consigo mesmo, encarar a verdade a partir de uma fonte interna, para que pudesse se libertar.

Também Narciso teve um encontro com Tirésias e oportunamente precisou fitar as águas da fonte cristalina de Téspias: necessitava mergulhar em si mesmo, sair do egocentrismo exacerbado em que se encontrava para transformar-se em uma flor, símbolo da sutileza.

Não é à toa que temos muitos exemplos dos que, tendo "fechados" os olhos do corpo, quando se adentram pelos "olhos da alma", dão-se conta da grandeza da vida e se deixam conduzir pelo seu significado profundo. Enquanto passava a limpo as reflexões acerca deste tema, recebi como presente de um amigo portador de deficiência visual as seguintes reflexões, de sua própria autoria, que ele dá o significativo título de "Sentido":[7]

*Muitos, cada qual ao seu modo, quase diariamente enfrentam barreiras de toda natureza, que simplesmente impedem, ou mesmo incomodam sua sequencial existência. Diante disso, ou nos tornamos alienados como alternativa a esse sistêmico incômodo, ou partimos para a luta contra ele. Infelizmente, em determinados casos, alguns optam como o escorpião por se livrar da própria vida. Quando a luta perde o sentido, e por algum motivo não conseguimos esquecer daquilo que nos angustia, para que serviria tanta persistência? Acho que por isso a fé é tão importante, ela amplia nossa perspectiva de vida, fazendo com que diante de uma eternidade tomemos consciência de que devemos sempre prosseguir, confiantes de que nada poderá ser interrompido aqui nem agora, que nada é perdido quando a vida é vista como uma atividade humana a ser cumprida, sobretudo*

---

6. SÓFOCLES. *Édipo rei*. 1. ed. São Paulo: Editora Martin Claret, 2007, p. 38.
7. Mensagem pessoal enviada pelo autor Evangel Vale.

*quando não nos limitamos a olhar apenas para nossa partícula existencial. Podemos, dentro desse conjunto, ser importantes para tanta gente se assim desejarmos; podemos sorrir através de tantas bocas, se nos dedicarmos; podemos amar através de tantos corações e receber de volta tanto amor de pessoas que nem sequer conhecemos, mas que amamos sinceramente por ação direta de humanidade.*

*Por mais absurdo que possa parecer, a cegueira me deu as melhores coisas da minha vida, humanizando-me de tal forma que sinto mais pelo outro do que por mim mesmo. Entretanto, as pessoas enxergam apenas a cegueira e os gritos de muitas bocas saindo por uma só. Isso realmente me incomoda e por vezes me faz calar. Apesar de tudo, vou continuar vivendo por quem precisa de uma voz, pois sinto que existem pessoas querendo se libertar de uma vida vegetativa e sem sentido, e por vezes necessitam da boca de um ou de outro, dos ouvidos de muitos, das pernas de vários, do olhar e da astúcia de tantos. Tem tanta gente querendo apenas ser vista como tal, e se por vezes penso que perdeu o sentido viver, entregarei a essas pessoas meus dias, mas nunca ao egoísmo ou ao esquecimento minha existência.*

Esse querido amigo, tendo o seu "Tirésias" desperto, conseguiu dar à vida sentido, enfrentando os próprios limites e desafios, superando a si mesmo a cada dia e resolvendo-se por amar. Portanto, seja nos mitos, seja nos grandes exemplos ou nas histórias singelas e anônimas, todos somos convidados a ampliar o nosso olhar, a ver e viver a vida a partir da realidade espiritual que somos. Aí, então, nossos *olhos da alma* nos conduzirão à percepção e vivência do Infinito ao qual estamos destinados.

# O essencial
## (Iris Sinoti)

*E chegando-se a ele os discípulos, disseram-lhe: Por que lhes falas por parábolas? Ele, respondendo, disse-lhes: Porque a vós outro vos é dado saber os mistérios do Reino dos Céus, mas a eles não lhes é concedido. Porque ao que tem, se lhe dará, e terá em abundância; mas ao que não tem, até o que tem lhe será tirado. Por isso é que eu lhes falo em parábolas; porque eles vendo, não veem, e ouvindo não ouvem, nem entendem. De sorte que neles se cumpre a profecia de Isaías, que diz: Vós ouvireis com os ouvidos, e não escutareis; e olhareis com os olhos, e não vereis. Porque o coração deste povo se fez pesado, e os seus ouvidos se fizeram tardos, e eles fecharam os seus olhos; para não suceder que vejam com os olhos, e ouçam com os ouvidos, e entendam no coração, e se convertam, e eu os sare.*[8]

Não podemos negar que nos encontramos em uma era na qual a oportunidade de cada um de nós de despertar para novas realidades é muito maior, pois a Ciência avançou, a tecnologia simplificou o nosso trabalho diário e a comunicação aproximou todas as distâncias no mundo, isso sem falar em outras conquistas da era moderna. Muitas consciências despertaram com relação a aspectos da vida que por muito tempo foram negligenciados: direitos humanos, democracia, justiça social, racismo, direito da mulher, proteção às crianças e idosos, consciência ecológica, liberdade sexual...

Basta que entremos em uma livraria e nos deparamos com uma imensidão de obras literárias sobre religião, psicologia e autoconhecimento, entre outros tópicos. Não podemos nos queixar, afinal, informação não é o que falta. Hoje, no mundo, existem mais de 2 mil religiões, sendo a maior delas o Cristianismo, com aproximadamente 2,2 bilhões de adeptos.[9] Construímos uma sociedade exigente, mas que dispõe de alternativas para preencher o vazio existencial, pois que temos as mudanças sociais, tecnológicas, culturais e uma imensidão de opções religiosas. O que nos falta então?

---

8. Mateus, 13: 10-15.
9. PEW RESEARCH CENTER. *The Future of World Religions: Population Growth Projections,* 2010-2050. EUA, abr. 2015. Disponível em: <http://www.pewforum.org/2015/04/02/religious-projections-2010-2050/>.

São muitas as mudanças e demandas que atravessamos nesse momento, mas, como habitantes desse planeta, precisamos sem dúvida alguma de algo que nos garanta uma sustentação mais efetiva, para esta e para as futuras gerações. Precisamos redefinir nossos conceitos, e um novo desafio nos é apresentado, porque na maioria das vezes aceitamos como verdadeiro e bom para nós o que prevalece na opinião da maioria das pessoas, mesmo quando esse melhor nos distancia da nossa "essência". Como observava Jung: "Quanto maior a multidão, mais 'indigno' o indivíduo".[10] Massificados, vivemos em incoerência, defendemos opiniões em que nem sabemos se acreditamos e confundimos a *persona* com autoconhecimento, olhamos para o outro e não o vemos, estamos cheios de teorias e empobrecidos de comprometimento.

Compartilhamos tudo através das modernas tecnologias, as quais possibilitam que as dores e alegrias sejam enviadas em segundos; tudo o que acontece no mundo pode ser conhecido, mas nem sempre é sentido como uma experiência real, vivida por um ser humano real. Desconectados de nós mesmos, quase nada nos surpreende, quase nada nos escandaliza, e o próprio conceito de compaixão precisa agora ser revisto, pois o outro que é preciso amar encontra-se espalhado por todo o mundo.

Jean-François Revel ressaltava: "Nunca foi tão abundante e prolixa a informação e nunca, contudo, houve tanta ignorância".[11] Estamos trocando sabedoria por informação e com isso não vemos o outro, tampouco a nós mesmos.

Ficamos cada vez mais vulneráveis e sabemos que alguma coisa está faltando, por isso mesmo precisamos corrigir o rumo, matar a nossa fome de verdade e de amor. Preencher esse vazio moral nos transformará em um "ser" humano compassivo e digno, porque jamais poderemos perder de vista que "não existe autêntico progresso se este não se desenvolve com base na moral".[12]

Muitos de nós buscamos o alicerce moral na Religião, porém, quando iludidos, acreditamos que, ao escolhermos um credo religioso,

---

10. JUNG, C.G. *Presente e futuro*. 4. ed. Petrópolis: Editora Vozes, 1999, p. 503.
11. REVEL, Jean-François. *O conhecimento inútil*. 1. ed. Editora Planeta, 1988, p. 5.
12. ROJAS, Enrique. *O homem moderno: a luta contra o vazio*. 2. ed. Curitiba: Editora e Livraria do Chain, 2013, p. 149.

já somos os propagadores da moral e dos bons costumes, principalmente para corrigirmos a vida do outro. Além de nos iludirmos com uma suposta presença de qualidades que apenas escondem a verdade sobre nós, passamos a ver no outro aquilo que não aceitamos em nós – esse é o princípio da projeção. Passamos a acreditar naquilo que Jung já nos chamava atenção: "Basta 'apenas dizer' a alguém o que ele deve 'fazer' para entrar no bom caminho. Mas se ele pode ou quer fazê-lo, é uma outra história".[13] Além disso, temos que questionar se temos percorrido a jornada que indicamos aos outros como *a da salvação.*

Se tudo isso ocorre em nossas vidas, é sinal de grande e verdadeira necessidade de construirmos uma nova relação com Deus.

O que estamos deixando de ver?

É preciso separarmos o "joio do trigo" – já sabemos disso há muito tempo –, abrirmos caminhos novos em meio a tantos acontecimentos e experiências, possibilitarmo-nos nova vivência, na qual possamos ver a vida com um olhar isento de preconceitos, pois assim poderemos encontrar as nossas respostas.

Sem o olhar para dentro, não conseguiremos ir além da aparência das coisas, o que lembra uma frase muito conhecida: "*O essencial é invisível aos olhos*".[14]

Estamos perdendo a nossa capacidade de "cativar", de criar laços e de nos comprometer com a vida. Somos singularidades e precisamos amadurecer através da construção de elos conscientes com a nossa realidade interna, cativar. Na estória do Pequeno Príncipe, a raposa explica-lhe como cativá-la, dizendo que é preciso ter paciência, chegar perto todos os dias e a cada dia aproximar-se mais um pouco. Essa é uma proposta muito parecida com o processo de autoexame diário que precisamos fazer.

Olhar para dentro com paciência e bondade, todos os dias, para que possamos cativar nossas partes ainda em desarmonia e distanciadas de Deus. O significado da existência só poderá ser encontrado na singularidade da experiência vivida e analisada. Não é apenas fazer parte de

---

13. JUNG, C.G. *Presente e futuro*. 4. ed. Petrópolis: Editora Vozes, 1999, p. 555.
14. SAINT-EXUPÉRY, Antoine de. *O pequeno príncipe*. 6. ed. São Paulo: Editora Geração, 2016, p. 101.

uma Religião, é encontrar Deus em toda a Humanidade, assim todas as pessoas serão únicas por causa da singularidade do nosso autoencontro.

Somos responsáveis pelo que cativamos! Quando olhamos para dentro e descobrimos nossas imperfeições, ao olharmos para fora já não precisaremos projetar no outro o que não reconhecemos ou não aceitamos como nosso, porquanto *foi o tempo que gastamos com nossas feridas que nos torna importantes,* e é no exercício do autoamor que começamos a amar o outro.

Essa não deve em hipótese nenhuma ser entendida como uma experiência de autopiedade ou mesmo egoísta, pelo contrário, porque para reconhecer-se importante é preciso ter tido a coragem de olhar e acolher a dor da separação, a traição, o sacrifício e a solidão. Talvez por não olharmos além ainda seja difícil ver nas pessoas, e também em nós, a beleza manifesta da vida, a presença de Deus.

Sentir com o outro só é possível se chegarmos perto, bem perto, e isso só acontece quando nos permitimos chegar muito perto do nosso sofrimento.

Jesus olhava a multidão com compaixão, Ele compreendia a necessidade do outro, porque se fez presente na vida, estava completamente consciente de quem era e do que precisava fazer.

"Jesus, Filho de Davi, tem misericórdia de mim"[15] – assim gritava repetidas vezes o cego de Jericó, Bartimeu, e Jesus se compadece dele e restitui-lhe a visão.

Mas qual a visão que realmente foi concedida a Bartimeu?

Bartimeu segue Jesus pelo caminho, essa foi a verdadeira visão que ele conquistou. Seguir Jesus pelo caminho, permitir-se ser arrebatado por força maior que o *ego*, olhar para si mesmo e buscar muito além do que os olhos podem ver.

Se olhássemos além do que o olho enxerga, será que conseguiríamos ver o humano por trás da máscara que ainda estamos usando? Libertar-se da *persona* e encontrar a *sombra* é reconhecer, assim como Paulo, que, embora conheçamos o bem, ou acreditemos que o conhecemos, não o praticamos. É o trabalho com a *sombra*, o contato com a

---

15. Marcos, 10: 46-52.

escuridão do nosso ser que possibilitará que a nossa luz possa ser também fonte de iluminação para outras pessoas.

Por que ainda colocamos nossa luz na *sombra*? Talvez seja porque não nos cativamos; a árdua arte de amar o outro tão difícil de ser amado.

São as nossas partes separadas e rejeitadas que tapam os nossos ouvidos e fecham os nossos olhos para a verdade que somos.

"Porque o coração deste povo se fez pesado [...]", deixamos de ver e ouvir, e principalmente deixamos de entender com o coração. É no exercício do amor, na busca profunda de conhecermos quem somos que poderemos desbravar as montanhas das nossas dificuldades e ouvir com os ouvidos da alma a voz do Mestre Jesus a nos lembrar: "Bem-aventurados os limpos de coração, porque eles verão a Deus".[16]

Afinal, "[...] é apenas com o coração que se pode ver bem. O essencial é invisível aos olhos".[17]

---

16. Mateus, 5: 8.
17. SAINT-EXUPÉRY, Antoine de. *O pequeno príncipe.* 6. ed. São Paulo: Editora Geração, 2016, p. 101.

*Os desafios à fé apresentam-se
também sutilmente: melancolia,
saudade das ilusões, solidão nos
momentos de reflexão, sonhos e
desejos dos prazeres que exaurem...
Evita-os, não lhes dando campo, a fim
de que, na condição de parasitas
perversos, não dominem o teu coração
alegre e jovial, nele enraizando-se...*

*...*

*Joanna de Ângelis/Divaldo Franco*

# 10

# DESAFIOS À FÉ

**Desafios à fé** – *Joanna de Ângelis*
**Religiosidade: ponte para o Divino** – *Cláudio Sinoti*
**O caminho da alma** – *Iris Sinoti*

### Desafios à fé
*(Joanna de Ângelis)*

Agora, quando despertas do letargo em que te encontravas, entre alternativas de fé e de prazer, de crenças e de luxúrias, preparando-te para realmente seres feliz, seguindo Jesus, alguns desafios se te apresentam ameaçadores e temes tombar nos mesmos desvãos ilusórios que te assinalam a existência.

Antes o mundo te atraía, como ainda prossegue de certo modo, ao favorecer-te gozos imediatos e inebriantes, que encharcam a alma e ao mesmo tempo atormentam-na em falsa realidade a respeito da vida, e acreditavas, em conflito íntimo, que algo maior e mais plenificador deveria existir que te preenchesse o vazio existencial.

Acabas de defrontá-lo, está diante de ti.

Naqueles momentos, recebias carinhosa inspiração que te convidava a reflexões mais profundas e mais duradouras.

No passado acreditavas que o júbilo decorrente das fugas psicológicas seria, talvez, a única maneira de fazer-te feliz. Embora não te assinalassem a ganância nem a mesquinhez, tinhas a ambição de conseguir os valores que propiciam o encantamento e compram, no jogo das paixões, as mais diversas falsas alegrias.

À medida que a existência te dizia sem rebuços que o sentido de viver era de natureza transcendente, passaste a anelar sem muita convicção pelas emoções relevantes de natureza interior e a buscar a paz em forma de ingênua alegria nos refolhos da alma. Não estavas acostumado, porém, às suaves expressões da vida, mas às sensações fortes, mesmo que momentâneas e desgastantes.

Os velhos e doentios hábitos empurravam-te para a repetição dos dislates que te distraíam, ao mesmo tempo que te amarguravam de maneira peculiar, impondo-te mais amplas e variadas *necessidades...*

Sorrias e choravas entre triunfos e insucessos que te assustavam, perdido na multidão que exploravas e atormentava-te, enquanto experimentavas melancolia e dor de incompletude.

Esse é o prêmio da ilusão festiva e embriagadora, que sempre deixa um travo de amargor nos que a fruem.

Oravas, vez que outra, pedindo socorro no palco asfixiante das fugas emocionais, disfarçadas como conquistas de pequenas vanglórias.

Por fim, a dor dilacerante da recusa que te foi imposta mais de uma vez abriu-te uma ferida no orgulho d'alma, que trazias do pretérito, e estás optando por Jesus.

Tiveste momentos de sofrimento que pareciam intérminos e algumas ideias de que a vida sem determinadas satisfações não tinha qualquer sentido. Sentias-te diferente, por mais que desejasses querer ser igual à multidão ou melhor na usança dos seus fenômenos, apelando, então, para o pranto refrescante sobre a ardência das frustrações. E, de certo modo, ainda sentes, porque não te encontras realmente integrado em o novo programa que ora abraças.

A solidão era tua parceira, aliás, de maus pendores, produzindo-te agonias.

...E foste ouvido, atendido com tesouros iluminativos e oportunidades únicas de sublimação e paz.

Resolveste investir a existência na conquista da ordem nova de valores: Jesus!

Os teus guias espirituais atenderam-te além do corpo, reapresentando-te afetos de outras existências, ricos de ternura e também com sede de amor, tarefas suaves e encantadoras, convites ao treinamento da renúncia e a mudanças de comportamento.

O *homem velho,* conforme o conceito do Evangelho, deverá dar lugar ao *novo,* que se te desenha para o futuro.

Ninguém que esteja na Terra que se encontre em plenitude como pensavas. Todos estão em conserto, com as sublimes exceções, porém, assinalados pelas dores próprias do processo da evolução.

Querias exemplos que te auxiliassem as forças ainda cambaleantes e despertaste onde a placidez do amor diminui o incêndio da loucura.

Nem todos logram, como tu, fazer o melhor, porém, estão tentando.

Alinha-te com aqueles que são exemplos, mesmo sofrendo, e serás infinitamente ditoso.

Há inúmeros desafios à fé na atualidade, como em todos os tempos de alguma forma aconteceram.

Uma cultura como a atual, que despreza a ética e transforma o amor em prazer atormentado e insaciado, exige mudança de hábitos mentais.

No pensamento estão as matrizes da liberdade como as da prisão sem grades.

Enquanto a concupiscência é parceira contínua das experiências humanas e se apresenta na condição de meta a ser alcançada e mantida, o amor fraterno se apresenta com força para diluir o vício pela ternura e bondade.

As ambições do poder para ter e desfrutar serão substituídas pelo ser e socorrer.

Preencher os espaços mentais com as informações da Imortalidade constitui outro convite para a conquista e preservação da felicidade.

Amar indistintamente, sem posse, sem dúvida é diretriz de segurança.

Nunca temas, pois, o amanhã nem a solidão, porque o Senhor da Vida cuidará de providenciar o indispensável para que vivas em alegria, com ternura no coração.

As dificuldades de agora, transforma-as em ensejos de aprimoramento interior e sincero com manifestações festivas.

O amor cantará junto ao teu coração, alma querida, sendo-te sustentação de todos os momentos.

Terás, sim, os elementos necessários a uma existência ditosa e receberás recursos inesperados para que te desincumbas dos compromissos da fé. Mas, que darás ao Senhor de ti mesmo, como recíproca de amor? Não seria ideal que te desses qual Ele o fez por ti? Isso não implica abandonares outros nobres ideais.

Tens diante de ti tudo quanto poderias desejar e em algum momento do passado querias, que agora te chega de surpresa e encantamento. Mas não te esqueças que é investimento do Mundo maior.

O teu destino, escreve-o, agora, nas estrelas e avança aureolado de luz.

Tudo que pediste está sendo-te concedido.

Chegará o momento de devolveres, de prestares conta, qual ocorreu na Parábola dos Talentos.

Alma querida! Não tergiverses e deixa-te arrastar pela correnteza de luz e melodia à *Nova Úmbria*, onde alcançarás o estado numinoso.

Os desafios à fé apresentam-se também sutilmente: melancolia, saudade das ilusões, solidão nos momentos de reflexão, sonhos e desejos dos prazeres que exaurem...

Evita-os, não lhes dando campo, a fim de que, na condição de parasitas perversos, não dominem o teu coração alegre e jovial, nele enraizando-se...

O hino do amor é uma imolação pessoal, sem palavras, é doação de vidas à Vida.

Segue, pois, que o Senhor te espera no termo da jornada.

## Religiosidade: ponte para o Divino
### (Cláudio Sinoti)

*Deus está morto! Deus permanece morto! E quem o matou fomos nós![1]* Essa frase, uma das citações mais correntes do filósofo Nietzsche e parte de uma das falas do personagem principal do livro *Assim falou Zaratustra*, parecia ter dado a sentença final da separação entre Ciência e Religião, e terminou influenciando intensamente a Psicologia, que à época dava os primeiros passos em direção à sua autonomia.

Nesse período, que coincide com as primeiras décadas de crescimento da Psicologia, destaca-se a figura eminente de Freud, que não chegou a conhecer pessoalmente Nietzsche, embora tenham sido contemporâneos. Contudo, se não houve contato pessoal, o pensamento do filósofo, especialmente quanto à forma como via a Religião, encontrou abrigo nas obras do psicanalista, especialmente em *O mal-estar na civilização*,[2] livro no qual apresenta a Religião na condição de "neurose obsessiva da humanidade [...], proveniente de sentimentos infantis não resolvidos [...] e culpada pela atrofia intelectual da maior parte dos seres humanos", entre outras considerações que apresentou.

Mas nessa mesma obra, em seu prefácio, encontramos observações curiosas e profundas em uma troca de correspondências entre Sigmund Freud e Romain Rolland, escritor, novelista e músico francês, que no ano de 1915 se tornou célebre ao receber o Prêmio Nobel de Literatura. Após ler a obra, que lhe foi enviada pelo próprio Freud, Rolland escreve em resposta, conforme Freud[3] comenta: "[...] e ele respondeu que estava de acordo com meu juízo sobre a religião, mas lamentava que não tivesse apreciado corretamente a fonte da religiosidade. Esta seria um sentimento peculiar, que a ele próprio jamais abandona, que ele viu confirmado por muitas pessoas e pode supor

---

1. NIETZSCHE, Friedrich. *Assim falou Zaratustra*. Versão para e-Book (e-BooksBrasil. com). – Fonte Digital, 2002, p. 86.

2. FREUD, Sigmund. *O mal-estar na civilização*. São Paulo: Penguin Classics Companhia das Letras, 2011.

3. Idem, Introdução.

existente em milhões de outras. Um sentimento que ele gostaria de denominar sensação de 'eternidade', um sentimento de algo ilimitado, sem barreiras, como que 'oceânico'". Freud espantou-se com a resposta que recebeu, pois como poderia alguém tão culto e que ele reverenciava sustentar esse tipo de pensamento?

Infelizmente o Pai da Psicanálise não conseguiu adentrar de forma mais profunda no campo da religiosidade, que intuitivamente seu célebre amigo percebeu, e, confundindo a busca inata do ser às instituições religiosas, terminou por rotular como transtorno essa profunda expressão da alma humana.

Carl Gustav Jung pensou de maneira diversa e pôde aprofundar o estudo da religiosidade no aspecto psicoterapêutico. Nos anos iniciais de atividade psiquiátrica e psicológica, Jung esteve muito próximo a Freud, mas foi justamente sua maior abertura com relação aos fenômenos da alma humana que motivou a ruptura da amizade entre os dois. Não que Jung concordasse com todos os comportamentos apresentados pelos religiosos, pelo contrário, ele fez críticas, algumas bem severas, às religiões, mas soube separar o lado sombrio das instituições, assim como de muitos religiosos, da essência da religiosidade. O indivíduo, de acordo com sua concepção, necessita relacionar-se com uma força superior ao *ego* e por isso mesmo a alma humana possui uma busca religiosa por natureza. Seja através de instituições, seja de forma particular, o processo de *individuação* passa pela construção de um relacionamento saudável com o que costumamos chamar de "Deus", em Suas várias denominações.

A importância dessa relação foi identificada de maneira tão profunda por Jung que ele chegou a declarar: "Entre todos os meus pacientes na segunda metade da vida – ou seja, com mais de 35 anos –, não encontrei sequer um cujo problema em última instância não fosse o de encontrar uma perspectiva religiosa sobre a vida. É seguro dizer que cada um deles ficou doente porque perdeu o que as religiões vivas de todas as épocas ofereceram a seus seguidores, e nenhum deles realmente se curou sem que tivesse reavido sua perspectiva religiosa".[4]

---

4. JUNG, C. G. *Escritos diversos*. 1. ed. Petrópolis: Editora Vozes, 2003, p. 80.

Reaver essa perspectiva não significa estar vinculado necessariamente a um credo específico, mas, em última instância, estar tão profundamente conectado consigo mesmo e com as forças naturais da vida que a sintonia com o Divino passa a se expressar nas mínimas manifestações da vida. As vidas voltadas apenas para os objetivos do *ego* se deterioram, limitam-se, frustram-se, mesmo que consigam alcançar os tão almejados objetivos, por isso Jung conseguiu identificar na metanoia – a crise da meia-idade – um convite a uma vivência religiosa mais profunda, porque o ser humano não pode ter uma vida somente voltada à construção dos objetivos egoicos, e isso termina sendo a fonte de muitas das neuroses da atualidade.

A psicologia humanista, por meio de Maslow e Rogers, veio confirmar o pensamento de Jung a respeito da importância da religiosidade do ser. Nas palavras de Maslow,[5] "sem o transcendente e o transpessoal, ficamos doentes, violentos e niilistas, ou então vazios de esperança e apáticos. Necessitamos de algo 'maior do que somos', que seja respeitado por nós próprios e a que nos entreguemos num novo sentido". A busca religiosa, nessa compreensão, vai muito além da tentativa de compensação de feridas parentais ou da busca de segurança tão própria ao *ego* imaturo e aponta para uma necessidade que provém do cerne do ser, sem a qual o indivíduo perde o vínculo com a própria vitalidade, adoece.

Certamente que, quando se busca a Religião como fonte de *salvação*, especialmente quando se aguarda que esta venha *de fora,* permanece-se na postura imatura daquele que espera outros trilharem o caminho que é de sua própria responsabilidade. Obviamente que as feridas da infância, os complexos parentais, a *sombra individual* e todos os tipos de conflito são fatores que influenciam o ser no relacionamento em todas as instâncias e afetam também a forma como a religiosidade se expressa, esteja ou não vinculada a uma instituição específica, mas a essência dessa conexão é superior a tudo isso e muitas vezes é fonte de cura dessas mesmas feridas, geradas em sua maioria

---

5. MASLOW, Abraham H. *Introdução à psicologia do ser*. 1. ed. Livraria Eldorado Tijuca Ltda., 1970, p. 3.

por uma desconexão do ser consigo mesmo, com sua história pessoal, com seu próximo, com a vida, com Deus.

Isso não significa fechar os olhos à *sombra* existente nas instituições religiosas, porquanto a busca do poder, a pedofilia, a postura castradora, assim como todo tipo de fanatismo, intolerância e violência não se sintonizam com o genuíno sentimento religioso. São expressões de almas em conflito, desconectadas de si mesmas, que, como consequência, não conseguem conviver em clima de harmonia com outras expressões que não sejam as próprias. Mas esses mesmos líderes sombrios, por paradoxal que seja, demonstram ainda não terem alcançado a conexão religiosa genuína, e buscam poder e controle onde deveriam buscar uma ligação mais profunda com o Divino. Certamente nos referimos, nesse caso, a patamares saudáveis da crença, a qual se mantém em clima de respeito na diversidade e até mesmo pelos que não creem, e que não necessita impor-se como se fosse a verdade absoluta.

Após a Psicologia aprofundar o olhar acerca da religiosidade, as neurociências, especialmente a partir dos anos 90, começaram a mapear os efeitos no cérebro da relação entre o homem e o Divino, constatando os inúmeros benefícios à saúde de muitas das práticas religiosas, como a oração, a meditação, a caridade.

De acordo com o neurocientista norte-americano Dr. Andrew Newberg, "o cérebro humano vem equipado com natural predisposição à crença".[6] Após diversos experimentos que envolveram escaneamentos cerebrais, concluiu que a prática regular da oração e da meditação promovem alterações neurais significativas no cérebro e proporcionam diminuição do estresse, melhor resposta aos desafios existenciais e associação positiva ao que costumamos chamar de felicidade, compaixão e paz.

Newberg não está solitário em suas conclusões, pois que o Dr. Richard Davidson, neurocientista PhD em Harvard, chegou a resultados semelhantes ao analisar a atividade cerebral de monges budistas em sua prática meditativa. No experimento com o monge francês Matthieu Ricard, o qual pratica uma forma especial de meditação que envolve um

---

6. SORG, Letícia. *A fé que faz bem à saúde*. Entrevista com Andrew Newberg. Época, Ciência e Tecnologia, 20 set. 2009. Disponível em: <http://revistaepoca.globo.com/Revista/Epoca/0,,EMI64993-15224,00-A+FE+QUE+FAZ+BEM+A+SAUDE.html>.

sentimento de compaixão por toda a Humanidade, foi identificada forte ativação da ínsula – região fundamental do cérebro para autopercepção – e do córtex pré-frontal esquerdo – cuja maior atividade correlaciona-se com a sensação de bem-estar –, as quais, em conjunto, demonstraram afetar positiva e significativamente a imunidade. A noção de que a crença está conectada à saúde, conforme observara Maslow, hoje pode ser comprovada em laboratório.

Decerto não param por aí os desafios da fé, pois, embora atualmente a religiosidade e os benefícios de uma relação saudável nesse campo possam ser comprovados pela Psicologia e pelas neurociências, ainda existe uma *sombra* muito densa a ser transformada. O fanatismo, a intolerância, a violência advinda das distorções da fé ainda se mostram com muita intensidade, dando força aos argumentos que tentaram transformar em transtorno parte essencial do ser. Contudo, independentemente de toda e qualquer resistência, sempre haverá um impulso natural a esse sentimento *oceânico* que Rolland já percebia, guiando o indivíduo a uma profunda relação com a Divindade, não dependendo do nome e da forma como essa se dê.

Se hoje a própria Ciência "ressuscita" o Deus morto apresentado por Nietzsche, encontramos em uma página escrita pelo próprio filósofo um registro magistral desse sentimento inato do ser. Quando contava cerca de 20 anos de idade, atuando na condição de professor universitário na Basileia, Suíça, escreveu a *Oração ao Deus desconhecido*,[7] não tão conhecida quanto os seus outros livros, mas de profunda beleza e percepção:

*Antes de prosseguir no meu caminho e lançar o meu olhar para frente uma vez mais, elevo, só, minhas mãos a Ti, na direção de quem eu fujo.*

*A Ti, das profundezas do meu coração, tenho dedicado altares festivos, para que em cada momento Tua voz me possa chamar.*

---

7. Friedrich Nietzsche (1844-1900) em *Lyrisches und Spruchhaftes* (1858-1888). O texto em alemão pode ser encontrado em *Die schönsten Gedichte von Friedrich Nietzsche*, de Diogenes Verlag, Zürich, 2000, p. 11-12, ou em *F. Nietzsche, Gedichte*, do mesmo autor, Zürich, 1994. Anotações do Prof. Dr. Leonardo Boff em: <https://leonardoboff.wordpress.com/2011/04/01/%C2%A0%C2%A0%C2%A0oracao-de-nietzscheao-deus--desconhecido/>.

*Sobre esses altares está gravada em fogo esta palavra: 'ao Deus desconhecido'. Eu sou teu, embora até o presente me tenha associado aos sacrílegos. Eu sou teu, não obstante os laços me puxarem para o abismo.*

*Mesmo querendo fugir sinto-me forçado a servir-Te...*

*Eu quero Te conhecer, ó Desconhecido! Tu que me penetras a alma, e qual turbilhão invades minha vida. Tu, o Incompreensível, meu Semelhante.*

*Quero Te conhecer e a Ti servir.*

Finalmente, quando *conhecermos e servirmos* a essa força percebida pelo jovem Nietzsche, teremos adentrado na era do Espírito, na qual o indivíduo será o próprio templo, a própria igreja, a pedra inicial das relações com o Divino e poderá falar consigo mesmo: *Deus está vivo! Deus permanecerá vivo! E dependerá apenas de nós mesmos mantê-lO vivo em plenitude em nosso mundo interior.*

## O caminho da alma
### (Iris Sinoti)

*Tenho que achar tempo, tenho de repartir as horas, para ocupar-me com a salvação da minha alha.*[8]

A vida sempre nos desafia e sobre esse fato não restam dúvidas, mas a questão é se nos perguntamos qual o propósito desses desafios. Por que e para que eles se apresentam em nossas vidas? Qual a causa das agonias e desconfortos que por muitas vezes invadem nossa alma? Essas respostas não dependem da nossa capacidade intelectual ou cognitiva de compreensão, mas sim da maneira como enfrentamos os desafios, isso faz toda a diferença.

Todo desafio tem como função nos tornar mais conscientes do nosso objetivo interior, ou melhor, favorecer-nos um processo de *individuação consciente*. Sem os desafios, a busca do sentido existencial perderia sua intensidade, ou talvez até nem nos preocupássemos em buscá-lo.

---

8. HIPONA, Agostinho de. *Confissões*. 20. ed. Bragança Paulista: Editora Universitária São Francisco, 2005, p. 278.

Quando falamos em *individuação*, referimo-nos àquela tarefa que só a nós cabe cumprir e que nenhuma outra pessoa seria capaz de realizar em nosso lugar. Para isso, torna-se necessário estarmos abertos e disponíveis para ouvir o chamado de Deus, o que não faz da *individuação* um processo fácil, nem mesmo prazeroso ou pacífico na percepção do *ego*, mas muito provavelmente nos oferece sensação de profunda realização e completude como nenhuma outra experiência.

Em uma das passagens do Evangelho de João podemos constatar essa realidade, nas palavras de Jesus: "[...] Pai, é chegada a hora; glorifica a teu Filho, para que também o teu Filho te glorifique a ti; Assim como lhe deste poder sobre toda a carne, para que dê a vida eterna a todos quantos lhe deste. E a vida eterna é esta: que te conheçam, a ti só, por único Deus verdadeiro, e a Jesus Cristo, a quem enviaste. Eu glorifiquei-te na terra, tendo consumado a obra que me deste a fazer".[9]

Poucos de nós aceitamos esse chamado voluntariamente, pois olhar para dentro de si mesmo ainda causa medo e certo desconforto. Mesmo quando já acreditamos estar imbuídos de um trabalho profundo ou dedicados ao bem não é raro nos furtarmos a esse processo e infelizmente terminamos por realizá-lo aos trôpegos, por imposição da vida. Nessas condições, normalmente os desafios são mais intensos, e a imaturidade do *ego* não nos permite compreender a profundidade da jornada, que exige constantes transformações.

Um breve retorno à História nos mostra o que está reservado aos que trilham o caminho da alma, àqueles que buscam tornar-se si mesmos: uma via repleta de sentimento de fidelidade ao propósito da alma, de incompreensões e perseguições, mas também de fé e coragem, de muita luta e de medos.

Nenhum de nós que deseje cumprir o próprio dever passará pela vida sem a visita dos desafios e por muitas vezes serão eles a lanterna a guiar na tenebrosa estrada da *individuação*. Esse processo de grande inquietação costuma causar-nos medo e em algumas ocasiões desistimos por acreditar que não precisamos passar por tal constrangimento. Todavia, não atentamos que, como acertadamente afirma Jung:[10] "O medo é

---

9. João, 17:1-4.
10. JUNG, C.G. *Símbolos da transformação*. 4. ed. Petrópolis: Editora Vozes, 1986, p. 346.

um desafio e uma tarefa, porque somente a coragem pode livrar-nos do medo. E se não corrermos o risco, o significado da vida será de algum modo violado, e todo o futuro condenado a uma deterioração sem esperança, a um cinzento opaco iluminado apenas por quimeras e ilusões".

No ano 203 d.C. na arena de Cartago, norte da África, Perpétua, uma jovem mãe de 22 anos, filha de nobres, e Felicidade, sua escrava, além de um catequista e mais seis catecúmenos[11] foram mortos na perseguição promovida pelo imperador Septímio Severo, pelo "crime" de serem cristãos.

Ainda na prisão, Perpétua não se deixava abater: ela encorajava os demais e tinha visões místicas, e lá na horrível masmorra escreveu um diário (*Paixão de Perpétua e Felicidade*) que narra com a sensibilidade feminina o que foram aqueles dias de martírio e de comprovação da fé.

Perpétua descreve as visitas que recebeu do seu pai, pagão, e das tentativas e súplicas dele para que ela desistisse da sua fé, argumentando sempre que bastava uma palavra contra a fé cristã para voltar a ter seu filhinho nos braços, mas ela, soluçando, dizia: – *"Não posso, sou cristã"*.[12] Certa feita, ele pediu novamente à filha que abandonasse sua opção religiosa, ao que ela replicou: – "Meu pai, vês no chão esse vaso ou jarro, ou como queira chamar?", e ele respondeu: – "Vejo". – Ela disse: – "Acaso é possível chamá-lo de outro modo?", e ele afirmou: – "Não". – Perpétua, então, concluiu: – "Da mesma maneira, eu não posso me chamar de outra coisa que não cristã".[13]

Num dado momento, Perpétua busca através de suas visões uma resposta: seria ela liberta ou passaria pelo martírio? Ela relata que viu uma escada de bronze tão alta que alcançava o céu e que, por ser muito estreita, só uma pessoa podia subir de cada vez. Em cada lado da escada era possível perceber vários tipos de armas e lanças, de forma que *"aquele que não tivesse cuidado ou que não se mantivesse ereto enquanto subia seria feito em pedaços"*.[14] Embaixo da escada havia um dragão esperando

---

11. Na Igreja Antiga esse nome era dado às pessoas que ainda não haviam sido iniciados nos sagrados mistérios, um aprendiz dos princípios cristãos.

12. SGARBOSSA, Mario; GIOVANINNI, Luigi. *Um santo para cada dia*. 1. ed. São Paulo: Paulus, 1983, p. 83.

13. FRANZ, Marie-Louise von. *Paixão de Perpétua: uma interpretação psicológica de suas visões*. 1. ed. Produção independente, 2009, p. 19.

14. Idem, p. 20.

quem se atreveria a subir. Viu então Sáturo, o diácono, escalando a escada antes dela (ele foi executado em primeiro lugar), alertando-a para que tivesse cuidado com a criatura, e ela respondeu que esta não lhe faria mal, *em nome de Jesus Cristo*; nesse momento, o dragão levanta a cabeça e se coloca como o primeiro degrau da escada para que ela suba. Ao chegar, ela avista um vasto jardim, onde um homem alto e de cabelos brancos ordenha queijo de uma ovelha e a recebe chamando-a de filha, oferece-lhe o queijo, que ela come, e todas as pessoas que estavam presentes dizem "amém". Ela entendeu que a resposta era "sim": o martírio seria seu destino!

No momento da execução, uma vaca louca atingiu Perpétua e os outros na arena. Ela cantava salmos com os outros, mesmo com as vestes rasgadas, e se manteve firme ajudando Felicidade, também atingida, a levantar-se. O gladiador encarregado da execução, com mãos incertas, erra, não desferindo o golpe na carne, atingindo os ossos. Nesse momento, ela segura a mão trêmula do executor e coloca em sua própria garganta, mostrando a grandeza da sua lealdade. Perpétua completa, portanto, o seu testemunho: morrendo dignamente em nome da fé, não "perdeu" a vida, pois em verdade deu tudo o que era vivo dentro dela ao chamado.

Qual era o chamado que Perpétua atendia nesse momento? Se ser cristã nessa época era praticamente sinônimo de morte no circo, enfrentando feras, por que, então, seguir esse chamado? Qual o sentido? Faríamos o mesmo?

Ao nos dispormos a viver verdadeiramente o processo de *individuação*, atravessamos o caminho do crescimento e da transformação percorrendo as próprias sombras, porque é preciso nos tornarmos receptivos ao mundo da dor que o crescimento exige. Isso é muito assustador, principalmente quando o *ego* ainda é imaturo, e por isso mesmo aceitar o sofrimento não é tarefa para muitos. Assim como Perpétua, somos chamados ao "testemunho" e deveremos seguir o caminho que a nós foi confiado. Quando não o fazemos por limitações nossas, transformamo-nos apenas em sobreviventes, pessoas neuróticas que buscam controlar o que não pode ser controlado. Desta forma, ao afirmar que o sofrimento da alma que não encontrou o seu significado é transformado em neurose, Jung nos sugere que diante do inevitável o nosso dever é nos empenharmos em descobrir o significado da vida.

O destino de Perpétua como mártir seria, deste modo, uma imposição de Deus, do Cristo, ou a necessidade humana de direcionar a vida para algo maior que o *ego*? Qual seria então a "vontade de Deus" na história de Perpétua? E na nossa história?

Morrer e renascer, esse é o processo, e começa a acontecer no exato momento em que somos chamados a restaurar a nossa própria vida, a vivê-la mais conscientemente. A partir disso, uma nova vida emerge!

"Morrer", simbolicamente, é deixar para trás tudo o que não contribui para o progresso, o homem velho atrasado, imaturo e grosseiro, aquele que ainda exige e se frustra, aquele que anseia por fazer prevalecer suas vontades. Renascer é a abertura, a entrega, mesmo com a certeza de que não estamos prontos, de que a vida é fluxo e de que existe uma força maior que nos orienta e direciona para uma vida plena, que é construída a cada passo, sem exigências infantis, com alegria de viver, simplicidade, leveza e anseio pelo bom e pelo belo, um desejo imenso de viver.

Os símbolos na visão de Perpétua apontaram para a estrada, e ela não tinha dúvidas de que precisava seguir aquele caminho para provar sua fé e seguir o seu processo de *individuação*. Assim, reconhecer o imperador como um deus era transferir o próprio poder pessoal para outra pessoa; aceitar os deuses romanos era o mesmo que manter-se prisioneira das questões meramente egoicas; mas escolher um único caminho e manter-se fiel a ele significava direcionar-se para o *Self*, abandonar o mundo e principalmente aceitar os sacrifícios que o processo impõe, pois, como afirma Jung: "A dádiva da consciência de si ampliada é resposta suficiente para o próprio sofrimento da vida, pois do contrário a vida seria sem sentido e insuportável".[15]

As escadas representavam o processo de espiritualização, e precisamos subir cada degrau dessa escada até chegarmos a um estado de consciência plena, a vivência plena do Espírito que somos. Esse processo de ascensão é difícil e pode ser perigoso para o *ego*, e esses perigos são representados pelas armas e lanças, ou seja, se perdemos o foco e passamos descuidadamente, machucamo-nos muito, afinal a escada é estreita, só pode passar uma pessoa de cada vez, não deixando dúvida de que esse

---

15. JUNG, C.G. *Cartas, vol. 2.* 1. ed. Petrópolis: Editora Vozes, 2002, p. 367.

caminho é único, intransferível e sem volta; não o faremos em grupo: é uma subida solitária.

Como Orfeu, precisamos manter o nosso olhar para frente, porquanto, "se a possibilidade de alcançar um estado superior de consciência for alcançada, não se pode mais voltar para a condição de inconsciência, sem que a alma seja colocada em perigo".[16] É preciso fidelidade para seguir o caminho da alma, porque, se fraquejarmos, o dragão do inconsciente, a *sombra*, incapacitar-nos-á de ouvir a voz divina que ecoa em nosso mundo interno.

Os dragões representam os nossos temores, tudo que reside em nós que tem o poder de nos devorar; são nossos aspectos negligenciados, que podem atrapalhar nossa ascensão espiritual, dificultando o caminho do autoencontro. Assumir esse compromisso significa também precisarmos reconhecer que deixamos para trás aspectos importantes e que a atitude de seguirmos esse caminho nos favorece com a certeza de que o nosso mal pode curar e gratificar a nossa alma ferida.

O dragão pode sim ser um degrau para a nossa ascensão e somente o confrontando alcançaremos um estado mais ampliado de consciência. Esse estado que todos nós buscamos alcançar é representado pelo jardim que Perpétua encontra, é a consciência da realidade espiritual, da relatividade e ao mesmo tempo da importância demasiada que atribuímos às questões materiais. Nesse estado de consciência, conectamo-nos com o *Self* representado por um "pastor de ovelhas", que tem como função apascentar: é o nosso centro ordenador, é ele quem nos alimenta com os ensinamentos para a iluminação. Desta forma, é preciso aceitarmos esse alimento, pois o que acontece nesse momento é de extrema importância para a caminhada da alma, como comenta Jung, que é "[...] quando as pessoas sentem que estão vivendo a vida simbólica, que são atores no drama divino. É isso que confere o único significado à vida humana; tudo o mais é banal e podemos desprezá-lo. A carreira, os filhos e tudo o mais são apenas maya (ilusão) em comparação com esse algo único, o fato de nossa vida ter significado".[17]

---

16. FRANZ, Marie-Louise von. *Paixão de Perpétua: uma interpretação psicológica de suas visões*. 1. ed. Produção independente, 2009, p. 31.
17. JUNG, C.G. *A vida simbólica*. 2. ed. Petrópolis: Editora Vozes, 2000, p. 274.

As visões e a história de Perpétua ainda hoje revelam a condição inconsciente da Humanidade, mostrando quanto seriam difíceis as batalhas que os cristãos deveriam travar, mas sobretudo nos mostram a necessidade de travar esses embates no nosso mundo interior. Os mártires representam o processo de transformação que urde nos estratos mais profundos da nossa alma, a necessidade urgente de transformarmos *a imagem de Deus*, saindo de uma relação infantil para aquela em que já nos colocamos disponíveis à Sua vontade.

O que estamos sendo chamados a realizar?

A dor do sacrifício que hoje travamos é do *ego*, que ainda necessita de conforto e segurança material, mas essa dor é muito pequena diante da dor que sentiremos ao olharmos para trás e nos arrependermos de não termos atendido o chamado da nossa alma, de não termos sido fiéis, de não termos nos esforçado ao máximo para sermos plenamente nós mesmos.

Temos que achar tempo para a salvação da nossa alma!

*Vive de tal forma que, a qualquer momento, embora preservando as tuas obrigações e responsabilidades humanas e sociais, possas estar receptivo ao labor dos guias e mensageiros da luz no trabalhado de harmonização dos infelizes.*

•••

Joanna de Ângelis/Divaldo Franco

# 11

# EM SERVIÇO MEDIÚNICO

*Em serviço mediúnico* – Joanna de Ângelis
*Escutando as estrelas* – Cláudio Sinoti
*O sentido do mistério* – Iris Sinoti

### Em serviço mediúnico
*(Joanna de Ângelis)*

Allan Kardec, o emérito codificador do Espiritismo, explicou, em termos belos e vigorosos, que "a mediunidade é coisa santa, que deve ser praticada santamente, religiosamente".[1]

Conquista ético-moral do Espírito no seu processo evolutivo, é imanente à organização perispiritual, expressando-se conforme as necessidades do seu possuidor.

Semelhante a outras faculdades da alma, exige cuidados especiais de ordem moral, psíquica, emocional e espiritual, a fim de poder ser ativada e desenvolvida conforme a finalidade a que se encontra destinada pela Divindade.

Instrumento delicado e forte que demonstra a indestrutibilidade da vida, mantém-se como força psíquica libertadora no mecanismo de desenvolvimento das aptidões que jazem em latência no âmago do ser. Ela fomenta os cuidados que devem ser mantidos e trabalhados, tais os

---

1. KARDEC, Allan. *O Evangelho segundo o Espiritismo.* 131. ed. Brasília: FEB, 2013. Cap. XXVI, item 10.

procedimentos específicos, como a sublimação do seu portador mediante as ações relevantes da caridade.

Utilizada com sabedoria, é tesouro de valor inestimável pelos bens que propicia no seu entorno e a distância, penetrando nos mais variados painéis do Mais-além, assim como nas mais sórdidas e lúgubres regiões de trevas e dor.

Tais cuidados para adquirir a necessária plasticidade para a ocorrência dos variados fenômenos tornam-se essenciais para a segurança das suas manifestações, assim como do seu veículo humano.

Não se é médium em apenas alguns momentos, senão durante todos eles, embora sofra interrupção do seu fluxo e mesmo desaparecimento, quando determinadas circunstâncias assim o exigem.

Conhecer-lhe as expressões através das suas manifestações físicas, emocionais e mentais, é dever de cada um que a pretenda utilizar no sentido elevado da sua transcendente finalidade.

Com plasticidade exuberante, dependendo das experiências de outras existências vivenciadas, está sempre em ação, mesmo que sem a anuência do seu portador. Isso porque seu mecanismo de comunicação encontra-se com os receptores ativados, enquanto os decodificam de ondas mentais para exteriorizações gráficas, verbais, ectoplásmicas...

Através das suas incontáveis possibilidades, amplia o seu campo de capacitação com naturalidade, utilizando-se dos campos vibratórios com os quais o médium sintoniza através da mente, dos hábitos, das aspirações...

À medida que o exercício dilui as barreiras da mente, impedindo a captação anímica, as comunicações fluem espontâneas e simples, tornando-se parte normal da existência, incorporada aos fenômenos convencionais.

A ignorância sempre lhe tem atribuído ações maléficas destituídas de fundamento. O sofrimento que alguns médiuns experimentam ao exercê-la faz parte do seu mapa de resgates, e se observam e vivem a aflição com alegria e consciência, adquirem incontáveis méritos e amizades transcendentes, que se lhes tornam bênçãos de dignificação.

É natural que ao dar passividade aos sofredores do Mais-além, experimenta-se-lhes a carga de dores que os esfacelam, e, ao diminuí-las, porque se tornam divididas, pratica-se a nobre caridade fraternal recomendada por Jesus.

Considera a tua faculdade mediúnica como um *sexto sentido* para mais significativos empreendimentos morais e de transcendência imortalista.

Não lhe temas as vibrações deletérias que filtra e depura.

Tem em vista que a circunstância de atenuar a aflição dos Espíritos atormentados representa concessão divina para a tua própria iluminação.

Se desejas o contato com os anjos, convive com os *demônios* do roteiro, amando-os e encaminhando-os para a elevação que se lhes faz imperiosa necessidade.

O ser em situação de obsessor, estigmatizado pelo ódio que vem à comunicação através da delicada aparelhagem supereletrônica, merece respeito e atenção. Ele está doente, porque não teve força para superar a injunção afligente que o atirou ao abismo da rebeldia e da infelicidade.

Ele necessitava de carinho e foi traído no seu sentimento profundo de honra e de confiança, tinha imperfeições e foi escorraçado sem piedade, anelava por ternura e recebeu açoites e flagelos que o dilaceraram, e porque tinha sede deram-lhe ácido para sorver.

Perdeu a confiança na Humanidade, deixou-se consumir pelo ódio, é perseguidor, mas é teu irmão necessitado da luz do entendimento para reencontrar-se, para entender como operam as Divinas Leis.

Se aspiras pelo mediunato, desce aos abismos de sombra e dor onde rebolcam os desditosos e auxilia-os a erguer-se, a ascender, a mudar de atitude mental, portanto, moral também.

Todos experimentam, certamente há exceções, a perturbação *post mortem*, resultado natural das consequências dos desregramentos a que se entregavam.

Em alguns, o processo da desencarnação é de longo curso, enquanto noutros se transforma numa áspera experiência carregada de mágoas e de rancores, nos quais se debatem num tempo sem fim, sem um suave luar de esperança.

Torna-te lenitivo para eles.

Faze-te dócil ao seu desespero.

Ama-os como filhos do coração, que se extraviaram e, enlouquecidos, não sabem como encontrar a paz.

Vive de tal forma que, a qualquer momento, embora preservando as tuas obrigações e responsabilidades humanas e sociais, possas estar receptivo ao labor dos guias e mensageiros da luz no trabalho de harmonização dos infelizes.

Preza a tua mediunidade, poupando-a aos choques da perversão mental e da vulgaridade dos relacionamentos infelizes.

Quanto mais puderes, não cesses de intermediar o amor, levando ao desesperado a tua contribuição de solidariedade fraternal, e mesmo que te sintas perseguido, com noites indormidas, enfermidades simulacros, aflições de todo porte, alegra-te por seres médium a serviço de Jesus, tornando a Humanidade melhor e mais feliz.

Jesus nunca se escusou de auxiliar. Até mesmo quando foi convidado ao holocausto na Cruz, perdoou a massa obsidiada por forças infelizes da Erraticidade inferior, na condição de Médium de Deus, e transformou-a em asas para alçar-se ao Infinito.

## Escutando as estrelas
### (Cláudio Sinoti)

*Ora (direis) ouvir estrelas! Certo, perdeste o senso! E eu vos direi, no entanto, Que, para ouvi-las, muita vez desperto. E abro as janelas, pálido de espanto... E conversamos toda a noite, enquanto a Via Láctea, como um pálio aberto, Cintila. E, ao vir do sol, saudoso e em pranto, Inda as procuro pelo céu deserto. Direis agora: 'Tresloucado amigo! Que conversas com elas? Que sentido Tem o que dizem, quando estão contigo?*

Como bem registrou o poeta Olavo Bilac,[2] são muitas vezes tidos por "loucos" aqueles cujos sentidos conseguem captar além dos limites da questionável *"normalidade"*, e o fruto das suas percepções costuma ser negligenciado ou desacreditado. Indivíduos portadores dessas percepções costumam até mesmo ser vistos como perigosos à coletividade, porquanto ousam "ultrapassar os limites humanos".

A mediunidade é um desses sentidos especiais que nos permite, nas diversas formas em que se expressa, *ouvir estrelas,* captar e perceber expressões da vida, normalmente ocultas aos sentidos comuns. Nada obstante se apresente como uma faculdade natural da alma, que possui no corpo físico sua correspondente estrutura para expressão, ainda é pouco compreendida. Mesmo as provas incontestáveis da sua realidade, obtidas por eminentes pesquisadores em variadas épocas da História, não lograram extrair o véu da ignorância e do preconceito a seu respeito.

O grande problema é que as faculdades e potenciais que não são vivenciados à luz da consciência permanecem na condição de conteúdo sombrio, apresentando sua face destrutiva até que possam ser aceitos, conhecidos e vividos de forma harmoniosa.

A mitologia também apresenta a faculdade mediúnica em diversas narrativas, uma delas apresenta a trajetória de Cassandra, filha do rei Príamo e da rainha Hécuba, de Troia. Desde menina, Cassandra era portadora de uma beleza incomum, e junto ao seu irmão gêmeo, Heleno, costumava brincar no Templo de Apolo. Certa feita, sem se darem conta do passar do tempo, adormeceram no interior do templo.

---

2. Trecho XIII do soneto Via Láctea, de Olavo Bilac. In: BILAC, Olavo. *Antologia poética*. Porto Alegre: L&PM, 2012, p. 28.

Segundo as narrativas, foi nesse momento que duas serpentes passaram suas línguas nos ouvidos das crianças, fazendo com que fossem capazes de *ouvir os deuses*. Cassandra tornou-se uma formosa jovem, e despertou a atenção do *deus* das profecias por excelência, Apolo, que, encantado por sua beleza, passou a ser seu mestre na arte da predição.

No entanto, quando Cassandra negou ceder aos apelos apaixonados de Apolo, o *deus* cuspiu-lhe na boca, como forma de maldição. Não podendo retirar dela o dom que lhe havia sido concedido, vingou-se fazendo com que, a partir daquele momento, suas predições fossem desacreditadas por todos. Essa descrença de que passou a ser objeto, foi motivo de muito sofrimento pessoal, assim como de vários reveses para os troianos, pois Cassandra era tida como louca, embora fizesse previsões acertadas. Mesmo tendo alertado os troianos para que não entrassem em guerra contra os gregos, não foi levada em conta. Também tentou avisar, sem êxito, que os troianos tomassem cuidado com o cavalo "presenteado" pelos gregos, mas novamente não foi escutada, o que significou a ruína do seu povo...

Foi assim que Cassandra, cujo nome significa – *a que brilha sobre os homens* – foi ficando desacreditada e esquecida, mesmo sendo portadora de grandes verdades sobre o futuro.

E tal qual os habitantes de Troia, sem darmos ouvidos e sem conhecermos mais a fundo a expressão da mediunidade, que nos permite perceber a realidade de uma forma mais profunda, trilhamos caminhos que nos distanciaram da riqueza das percepções mediúnicas. Esse distanciamento deu-se de variadas formas.

Muitas denominações religiosas fecharam as portas a uma análise do fenômeno mediúnico, negando-o, tratando-o na condição de *diabólico* ou mantendo-o no campo do miraculoso, o que terminou por alimentar o fanatismo e a intolerância. Basta recordarmos o número de indivíduos que foram levados às fogueiras da Inquisição, muitos deles por conta da ignorância em torno das manifestações mediúnicas. Outras vertentes criaram rituais complexos de exorcismo para "afastar os demônios" daqueles que tinham visões, ouviam vozes, etc. Sem se darem conta, "afastaram" também a possibilidade de acesso a ensinamentos e reflexões profundas.

# EM BUSCA DA ILUMINAÇÃO INTERIOR

E se as religiões, de uma forma geral, não apoiaram a compreensão da mediunidade, isso não foi diferente no campo científico, que passou a rotular de misticismo, ou mesmo catalogar na conta de transtornos psiquiátricos muitos dos fenômenos naturais da alma humana. A ignorância científica levou muitos ao internamento psiquiátrico, enquanto seus "sintomas" apontavam para algo muito além dos transtornos. Certamente existem transtornos, e a psiquiatria auxilia de forma grandiosa em sua compreensão e tratamento. No entanto, ao negar-se a análise da mediunidade enquanto faculdade, não se poderá tratar de forma conveniente o ser humano, que, acima de tudo, é um ser espiritual.

Entretanto, se as religiões e a ciência negligenciaram o fenômeno mediúnico, também, no próprio indivíduo, nas fronteiras internas do ser, encontram-se grandes resistências a ser vencidas. O excesso de estímulos e buscas externas, de uma vida que é impulsionada a realizar-se somente nas construções exteriores, faz com que percamos contato com o rico mundo interior. A vida corrida e ansiosa, assim como hedonista, afasta o ser da percepção de si mesmo, e como tudo aquilo que não é utilizado vai perdendo vitalidade, essa fonte de percepção vai se tornando uma voz cada vez mais abafada no nosso mundo. Fechamos nossas janelas da alma, e por conta disso não conseguimos mais acessar as estrelas que se encontram ao nosso redor.

Alguns indivíduos até acreditam nas expressões da mediunidade, mas por estarem condicionados a buscas superficiais, preocupados apenas com soluções imediatas para os problemas que acreditam ter, buscam os leitores da *buena-dicha*[3] para saber o que o futuro lhes reserva, como se a vida já estivesse predestinada, não exigindo o investimento do próprio ser em sua transformação e na conquista dos objetivos existenciais. Iludem-se uns, querendo soluções mágicas, iludem-se outros, pensando que o futuro já está traçado, sem a possibilidade do livre-arbítrio.

Felizmente, aos poucos, algumas resistências vão sendo vencidas e na atualidade algumas tradições religiosas já não mantêm mais o preconceito em torno da mediunidade, abrindo espaço para acolher

---

3. Sorte fausta ou infausta de um indivíduo, supostamente inferida por algum meio ocultista (p.ex., pelas linhas da mão).

manifestações que eram vistas e catalogadas muitas vezes na conta de transtornos ou possessões. Médiuns como Chico Xavier, entre outros, tornaram-se pessoas respeitadas dentro de outras tradições religiosas e da sociedade em geral, em uma convivência pacífica que até tempos atrás era inimaginável.

A Ciência também evoluiu em sua percepção. A Psicologia, através da Quarta Força – nome como passou a ser conhecida a corrente Transpessoal –, estabeleceu uma ponte entre a realidade psíquica e a transpessoalidade do ser. Não somente aceita os fenômenos de ordem mediúnica, mas estimula o indivíduo a ampliar sua fonte de percepção para além das próprias fronteiras. A Psiquiatria, por sua vez, já cataloga a obsessão de ordem espiritual em um dos CID – Classificação Internacional de Doenças (CID 10 F 44.3 – Estado de transe e de possessão), atentando que certos estados de perda transitória da consciência estão associados à mediunidade.

E se as ciências e religiões começam, ainda que de forma tímida, a vencer preconceitos em torno da aceitação da mediunidade, o papel principal continua sendo do próprio indivíduo. Acessar as fontes de percepção interna, desintoxicar os ouvidos e olhos da alma, para que possam servir de antena a toda uma realidade palpitante que deseja se manifestar, mas, por não encontrar campo propício, transforma em tormento e transtorno o que são, na verdade, luzes a brilhar. É necessário, portanto, purificar-se e pacificar-se com os próprios conflitos internos, pois enquanto a própria *sombra* não é diluída e transformada em luz, confundem-se os gritos internos com as percepções mediúnicas, além de abrir espaço ao processo obsessivo. Não é à toa que os estudiosos do fenômeno mediúnico estabelecem que, em um primeiro momento, as percepções mediúnicas confundem-se com o animismo – manifestação da própria psique do indivíduo –, e que é importante um período de catarse, até que a mediunidade se manifeste de forma mais clara.

Mediunidade não é mágica que resolve problemas, que cura, de forma miraculosa, dores que o próprio indivíduo pode e deve encarar de frente. É uma faculdade, uma fonte de percepção, e por isso mesmo deve ser conhecida, estudada, educada e vivida de forma consciente.

E, finalmente, quando nos tornarmos conscientes e responsáveis com *a luz que brilha sobre os homens*, representada por Cassandra, pacificaremos o mundo das emoções com o da razão, simbolicamente representado por Apolo. Então, abriremos as janelas da alma e escutaremos as *estrelas*, nas suas variadas dimensões, transmitindo ao mundo a beleza e grandeza da existência. Esse será um grande gesto de autoamor, pois como complementa Olavo Bilac em sua poesia: "[...] *E eu vos direi: Amai para entendê-las! Pois só quem ama pode ter ouvido capaz de ouvir e entender estrelas*".

## *O sentido do mistério*
### (Iris Sinoti)

*Não me canso de contemplar o mistério da eternidade da vida.*[4]
Albert Einstein

Como o Universo surgiu?

Há menos de seis séculos não sabíamos praticamente nada sobre o resto do cosmos; os telescópios ainda não existiam, tampouco as naves espaciais. O Universo era apenas aquilo que conseguíamos ver a olho nu, e acreditávamos ser o centro de um Universo feito apenas para nós.

Nicolau Copérnico – astrônomo, religioso e matemático de origem polonesa, que também estudou Medicina em Pádua e Direito em Ferrara – passou décadas realizando observações astronômicas que ajudaram a conceber o seu modelo heliocêntrico. A partir dos seus estudos, lançou o manuscrito *A revolução das esferas celestiais* (1543), no qual declarava que o Sol, e não a Terra, era o centro das esferas celestiais. Esse modelo foi adotado por Galileu, grande responsável por disseminar as ideias de Copérnico.

Foi com um telescópio, por volta de dezembro de 1609, que Galileu descobriu provas surpreendentes e convincentes da concepção

---

4. EINSTEIN, Albert. *Como vejo o mundo*. 1. ed. Rio de Janeiro: Editora Nova Fronteira, 2015, p. 11.

do Universo feita por Nicolau Copérnico. Mas, ao assumir o modelo de Copérnico, contrário ao apresentado por Aristóteles e aos interesses religiosos dominantes, Galileu Galilei entrou em rota de conflito com a Igreja, e a euforia da sua constatação durou pouco, pois, algum tempo depois, ele foi convocado a Roma para se defender perante os altos funcionários da Igreja. Inicialmente, nem ele nem seus livros foram condenados, mas foi proibido de ensinar que o Sol, e não a Terra, era o centro do Universo, e por consequência, que a Terra se movia em torno do Sol, pois isso era "conspirar" contra o que ensinavam os eclesiásticos. E perante aquele tribunal de inquisição, ao qual escolheu não confrontar por conta das sérias consequências, surgiu a tradição de que Galileu teria dito, em um suspiro inaudível, aos juízes: *Eppur si muove* (no entanto, se move).

Mas mesmo com todos os acontecimentos do período, houve um homem que anteviu um cosmos infinitamente maior, sem precisar de telescópios. Esse homem passou por uma experiência que todos nós passamos ou passaremos um dia: em algum momento descobrimos que não somos o centro do Universo, e que somos parte de algo muito maior do que nós mesmos. Assim, crescemos como pessoa e como coletividade. Esse homem era Giordano Bruno, um rebelde e sedento de conhecimento por natureza, que tinha uma ânsia de saber tudo sobre a Criação Divina, pois percebia que o Universo apresentado até então era minúsculo.

Bruno era iniciado das tradições ocultistas, e passou grande parte de sua vida estudando-as, assim como a doutrina das religiões pré-cristãs. Em uma época no qual o livre pensar era proibido, ousou ler os livros banidos pela Igreja, o que lhe trouxe graves consequências. Nos escritos de Lucrécio (poeta e filósofo do século I a.C.), Giordano Bruno encontrou sintonia com tudo que acreditava, inspirando-se para apresentar um Universo muito maior, tão ilimitado quanto era a sua ideia de Deus. Para Giordano, Deus era infinito, então, pensava ele: *Como a Criação poderia ser menor?* Ele acalentava tanto essa certeza que aos 30 anos teve a visão que selou o seu destino. Nesse sonho, ele acordou num mundo fechado em uma redoma limitada e ornada de estrelas, exatamente como o cosmos era apresentado em sua época. Ele foi tomado por um medo, exatamente aquela sensação de que tudo o que pensamos saber irá desmoronar, mas recupera a coragem e narra: "Abri as asas confiantes no espaço e elevei-me ao infinito, deixando para trás tudo o que os outros se esforçavam para ver ao longe. Aqui, não há em cima, embaixo, não há beira, nem centro... Eu vi que o Sol era só outra estrela e que as estrelas eram outros sóis, cada um deles acompanhado por outras terras, como a nossa. Foi como ficar apaixonado".[5]

Com essa visão, Bruno desenvolveu a crença na existência de vida inteligente além da forma humana em nosso próprio mundo. Inspirado por Demócrito e influenciado pelos estudos místicos, apresentou sua doutrina de universalidade, na qual todas as coisas são recicladas, tudo é interdependente. Deus existia num raio de sol e na espada do soldado, na respiração da prostituta e na túnica curadora do santo. "Todo este globo, esta estrela, não estando sujeito à morte e à dissolução e sendo impossível a aniquilação em qualquer parte da natureza, renova-se de tempos em tempos, mudando e alterando todas as suas partes".[6]

Ser parte de um grande todo, estar em comunicação direta com a divindade, fazer parte do Infinito deveria ser "a experiência mais bela e profunda que um homem pode ter é o sentido do mistério. Ele é o princípio fundamental da religião, bem como de todo esforço sério em termos de arte e ciência. Parece-me que aquele que nunca teve essa experiência, se não está morto, pelo menos está cego".[7]

Giordano Bruno foi perseguido e condenado por suas convicções, mas preferiu morrer na fogueira que lhe foi destinada pela Inquisição, a ter que abrir mão do que acreditava.

E o que fizemos? O que isso tem a ver com mediunidade?

Precisamos, mais do que nunca, resgatar a experiência genuína com o Mundo dos espíritos. O Universo e seu mistério, assim como anteviu Giordano Bruno, não podem ser limitados por achismos, dogmas ou qualquer outra coisa que limite o desenvolvimento psíquico, seja ele individual ou da coletividade.

---

5. *COSMOS* [série]. Direção: Adrian Malone. Produção: Kcet e Carl Sagan Productions. Edição: Cosmos Studios. EUA, 1980.

6. WHITE, Michael. *O Papa e o herege: Giordano Bruno, a verdadeira história do homem que desafiou a Inquisição*. Rio de Janeiro: Editora Record, 2003, p. 74.

7. MLODINOW, Leonard. *De primatas a astronautas*. Rio de Janeiro: Editora Zahar, 2015, p. 9.

Para Giordano, Deus revelou através do sonho a verdade da criação do Universo, a vida na sua mais ampla extensão, pois tudo é vivo no Universo, no qual não existe a morte, só a renovação, transformação e significado. Essa é a condição natural do humano, arquetípica, como afirmava Jung: "A ideia da objetividade psíquica não é, de forma alguma, uma nova descoberta; representa, muito pelo contrário, uma das primeiras e mais amplas 'conquistas' da humanidade: a convicção concreta do *mundo dos espíritos*. O mundo dos espíritos não foi uma descoberta, como por exemplo a do fogo pela fricção, mas sim a experiência ou conscientização de uma realidade tão válida quanto a do mundo material. No mundo primitivo todos sabem algo acerca da existência dos espíritos. O 'espírito' é um fato psíquico".[8]

Separar-se desse fato nos levou a viver em um mundo sem contexto moral. Substituímos as aspirações espirituais por uma luta de acúmulos materiais, e até mesmo a mediunidade virou negócio, pois brincamos de mediunidade e esquecemos que tudo no Universo é conectado, que toda ação tem uma reação e que qualquer descuido pode ter resultados calamitosos.

Eu e você estamos, hoje, vivendo no planeta Terra; nosso corpo físico é equipado para viver aqui, nosso perispírito guarda as informações necessárias à vida neste plano. Todas as experiências adquiridas durante a vida são armazenadas no perispírito, que as transmite ao Espírito, ou seja, "pode-se dizer que o corpo recebe a impressão, o perispírito a transmite, e o Espírito, que é o ser sensível e inteligente, a recebe".[9] Portanto, a maneira como vivemos influencia diretamente as características do nosso "Eu". Se conseguirmos compreender isso e incorporar esse saber à nossa vida, a prática da mediunidade passará a ter um significado muito maior. Não se limitará a "socorrer os Espíritos necessitados", mesmo porque também o somos, e por conta disso precisamos nos refletir na experiência daqueles que, antes de nós, encontraram com sua realidade, que é a vida como Espírito. Suas dores, angústias, medos, erros... nada na experiência deles é diferente das nossas experiências, nada do que eles fizeram ou deixaram de fazer nos é indiferente ou totalmente distante.

8. JUNG, C. G. *O Eu e o inconsciente*. Petrópolis: Editora Vozes, 2003, p. 61.
9. KARDEC, Allan. *Obras póstumas*. Brasília: FEB, 2003, item 10, p. 45.

Na era da ausência de sentido, precisamos nos encontrar com o mistério da criação, ter a certeza de que o Universo e a vida não são limitados, porque Deus não é limitado. E justamente por sermos frutos desse Amor Infinito, estamos todos interligados, interagindo o tempo todo. Nosso telescópio, agora voltado para nosso mundo interno, deve descobrir que o *ego* não é o centro do Universo, e que ele *gira* ao redor de uma instância infinitamente superior.

A prática da mediunidade deve passar justamente pela tentativa de compreender o sentido do grande mistério da vida, reconhecer Deus na Sua própria criação, pois, como afirma Giordano Bruno: "Não é fora de nós que devemos procurar a divindade, pois que ela está do nosso lado, ou melhor, em nosso foro interior, mais intimamente em nós do que estamos em nós mesmos".[10]

---

10. WHITE, Michael. *O Papa e o herege: Giordano Bruno, a verdadeira história do homem que desafiou a inquisição.* Rio de Janeiro: Editora Record, 2003, p. 75.

*O que a vida te nega hoje é provável que te doe amanhã. Tudo pode acontecer, caso não desistas de perseverar, de agir corretamente. Continua amável e afetuoso, especialmente em relação a outros infelizes que ignoram a tua aflição e até mesmo te invejam a jornada, que supõem recoberta de facilidades e sorrisos.*

*•••*

*Joanna de Ângelis/Divaldo Franco*

# 12

# ESPERANÇA E CONFORTO

**Esperança e conforto** – *Joanna de Ângelis*
**A** *arte de saber esperar* – *Cláudio Sinoti*
**A** *escada para uma vida simples e extraordinária* – *Iris Sinoti*

### Esperança e conforto
*(Joanna de Ângelis)*

Sofres, porque sucedem-se os dias da tua existência física sem que alcances o patamar da plenitude que almejaste por todo o tempo. Estabeleceste que o mesmo seriam a posse e a conquista de recursos variados que apaziguassem as ânsias da mente ambiciosa, assim como as necessidades do sentimento através do coração.

Examinas as conquistas de que dispões, e a melancolia, defluente do quase vazio existencial, apresenta-se na condição de indumentária asfixiante das emoções.

Não te podes apartar da tristeza que sempre te acompanha os passos e balbucia melancólicas mensagens ao teu sentimento.

As pequenas alegrias, decorrentes das expectativas, tisnam a limpidez do teu sorriso, e lágrimas aljofram nas comportas dos olhos, como pequenos fios líquidos de dor, que não cessam de escorrer.

Gostarias, sim, de amar e de ser amado.

Vês o mundo risonho, os parceiros joviais e encantadores, uns em alacridade incomum, outros em festivais de emoções, alguns tristes, distanciados do fenômeno da ilusão, e muitos amargurados e cheios de tormentos.

Existe a ebriez do sentimento e a das paixões, mescladas com tormentos que desconheces. Nem tudo que aparenta reflete a realidade.

É necessário discernimento para compreender as ocorrências humanas, e, por melhor que seja, não logra alcançar a profundeza da realidade. Cada ser é especial, e a sua é uma experiência muito pessoal, diversa de todas as demais existentes, embora a aparência que venha a existir.

Inicialmente, porque nem tudo que se deseja na Terra se consegue alcançar, conforme as aspirações mantidas. Tem-se o que é necessário, mas nunca falta a ambição pelo excesso, especialmente quando não é aplicado em favor do bem.

Há também imensa mole humana que padece escassez de tal natureza, que morrem, muitos de fome e abandono.

Também existem aqueles que se deixam arrastar pelos acontecimentos como se não participassem deles.

Reflexiona, em tua solidão, que as estradas libertadoras, as que conduzem ao paraíso – as da Úmbria e do Calvário –, somente podem ser percorridas com êxito em solidão. Aqueles que tiveram a coragem de seguir os que as iniciaram, entregaram-se à renúncia e à soledade, não olhando para trás, nem se permitindo os sonhos defluentes das aspirações infantis e dos ricos de ilusão.

O roteiro solitário é feito sobre espinhos e abrolhos, que a imaginação transforma em pétalas de rosas e tapetes macios.

Anelavas por companhia amorosa e sonhas com sorrisos de júbilos a ti dirigidos.

Mantém a esperança e aguarda, porque tudo é efêmero no mundo, incluindo o corpo, e nada pertence a ninguém, inclusive a roupagem carnal que usa.

Sorri para as dificuldades que te ferem, trabalhando em favor do teu amanhã risonho.

Sim, é provação que carpes, que solicitaste antes do renascimento atual, a fim de dares conta das atividades que deverias abraçar durante a jornada terrestre.

Há muita diversão na Terra, atraente e perturbadora.

Fascinam as cenas do prazer e encantam as paisagens do delírio.

Redescobre a beleza imortal, a realidade legítima que constituem patrimônio da vida.

Mergulha a tua decepção nas águas correntes da esperança de que amando, mesmo sem receberes resposta, enriquecerás as emoções com beleza e cor.

O que a vida te nega hoje é provável que te doe amanhã. Tudo pode acontecer, caso não desistas de perseverar, de agir corretamente.

Continua amável e afetuoso, especialmente em relação a outros infelizes que ignoram a tua aflição e até mesmo te invejam a jornada, que supõem recoberta de facilidades e sorrisos.

Quanto consigas em resistência moral, sorri, escondendo a tua melancolia e solidão nas divinas asas da prece que elevarás a Deus.

Se não possuis o que queres, agradece o que está ao teu alcance.

Milhões de criaturas gostariam de estar em teu lugar, que trocarias pelo que alguns deles são possuidores.

Assim, valoriza a tua dor, abençoando os outros com bondade e ternura, sem que reveles as angústias que te assaltam.

Podes fazer ditosos outros que se escondem nos conflitos, que te invejam porque desconhecem o ferro em brasa que te queima e requeima as aspirações e as emoções.

Caso conseguisses o que almejas, por certo te faltariam outros recursos que te dão beleza e sabedoria.

Vive, pois, os teus dias com paciência e sem expectativas humanas.

Deixa que a paz e o consolo de Jesus te penetrem o coração e aí repousem, contribuindo para a tua tranquilidade.

Descansa da ilusão que decepciona, e aceita os acontecimentos que te maceram como sendo respostas de Deus às tuas solicitações.

Estrada acima está o Calvário.

Sê firme e confiante.

Acostumado à dor, a tua será uma libertação gloriosa e plena, por que Jesus te receberá, diluindo todo o sofrimento que vens vivenciando.

Alegra-te, portanto, com o teu testemunho silencioso de amor e cresce no rumo da tua real felicidade.

## *A arte de saber esperar*
### (Cláudio Sinoti)

Quando Judy Garland cantou *Over the rainbow*,[1] em sua memorável interpretação de Dorothy no filme *O Mágico de Oz*,[2] nem sequer imaginava que embalaria os sonhos de várias gerações, a ponto de tornar a música um *best-seller* mundial, regravada até hoje por renomados intérpretes. É bem provável que o sucesso da canção, ao longo do tempo, deva-se não somente ao talento dos que a registraram, mas também por conta desse lugar *além do arco-íris*, retratado pela canção – no qual a beleza, a harmonia e o amor reinam –, ter conseguido representar de forma especial um sentimento peculiar da alma humana: a esperança que impulsiona a acreditar que a vida, por pior e mais cinzenta que esteja, pode sempre se transformar para melhor, e que reserva conquistas expressivas àquele que perseverar.

Mas, de onde será que vem a esperança? A esperança muitas vezes é vista como decorrente da fé, das crenças aprendidas ou eleitas por convicção e que fazem com que determinadas circunstâncias desafiadoras sejam enfrentadas com coragem, por conta da convicção interna que a esperança traz. No entanto, a esperança vai além da crença, pois, para ser capaz de mobilizar o indivíduo, deve vincular-se com a força do sentimento. Normalmente, os portadores de esperança enfrentam desafios com maior dose de confiança, tendo em vista que há a expectativa de que esse enfrentamento resulte em algum benefício futuro. A própria palavra "esperança" tem uma origem interessante, que aponta, conforme estudiosos, para o contexto de seguir em direção a um fim com a expectativa de um bem futuro.[3]

---

1. Também citada com o título *Somewhere over the rainbow*, foi uma das canções mais famosas do final da década de 1930. A música foi composta por Harold Arlen e a letra é de E.Y. Harburg.
2. *The Wizard of Oz* (título original), filme americano de 1939, dirigido por Victor Fleming e produzido pela Metro-Goldwyn-Mayer, é baseado no livro infantil homônimo de L. Frank Baum.
3. Definição retirada do *Dizionario Etimologico Online* e da *Gramática.net*, disponíveis em: <http://www.etimo.it> e <https://www.gramatica.net.br/origem-das-palavras/etimologia-de-esperanca/>.

Certamente que essa expectativa pode ser direcionada a vários aspectos da vida humana. Se pudermos dividi-la em vários níveis, a esperança pode apresentar-se vinculada tanto às crenças ilusórias quanto às profundas inspirações, nesse patamar atingindo seu estágio de sublimação. Quando vinculada a crenças pueris ou mesmo fanáticas, por não contar com uma força real de sustentação, pode trazer consequências desagradáveis ou até desastrosas para si mesmo e para os outros. Nesse sentido, seria mais conveniente falarmos em ilusão em vez de esperança, porquanto uma virtude não pode apresentar resultados destrutivos.

Outras vezes, utiliza-se o termo esperança para falar da expectativa que embala sonhos de uma condição de vida material mais abastada. Porém, nesse sentido, permanecemos na superfície dos objetivos do *ego*, sem que essa motivação promova o ser a uma consciência ampliada. Esse vínculo costuma ser muito frágil, pois mesmo quando as condições materiais são alcançadas, nada garante que se mantenham por um largo período, e sequer garantem a conquista da felicidade, o que faz com que essa busca seja quase sempre motivo de ansiedade e insegurança.

Em um nível mais elevado, a esperança apresenta-se vinculada a um profundo sentido existencial, que auxilia a suportar e enfrentar circunstâncias até mesmo dolorosas e desafiadoras. Esse sentimento é característica do *ego* maduro, do ser consciente das responsabilidades da vida, e que sabe que as conquistas mais valorosas são as que promovem o ser ao desenvolvimento de aptidões e habilidades, valores e virtudes, e que esse desenvolvimento nem sempre ocorre quando a vida está um mar de rosas.

Vivida de forma consciente e madura, a esperança pode ser entendida como a arte de saber esperar. Certamente não nos referimos à passividade, característica do indivíduo que nada faz para transformar a existência e mesmo assim espera que a vida lhe traga bons frutos. Falamos da espera dinâmica, se assim pudermos defini-la, característica daquele que compreende que a vida é um processo sempre em transição, e que pauta sua espera na consciência de que está agindo em sintonia com o que efetivamente acredita, independente dos resultados externos serem imediatos ou não, pois o ser consciente sabe que os resultados não ocorrem na velocidade do desejo, mas sim como consequência de variados fatores que se conjugam, e que muitos desses não estão ao sabor dos caprichos do *ego*.

Como forma de exercício terapêutico para avaliar a virtude da esperança em nós, cabe nos perguntarmos:

– Minha atitude para com a vida é compatível com os resultados que espero? O que falta mudar?

– Quais são as atitudes ou comportamentos que ainda boicotam os meus projetos de transformação?

– Será que não estou aguardando da vida sem fazer os esforços correspondentes? Essas e outras questões podem ajudar a se ter em conta se a esperança acalentada é algo maduro ou apenas parte dos caprichos, sem maior vinculação interior.

Outro caminho para avaliar o "grau" de esperança é estar atento para a ansiedade. Isso porque a ansiedade é justamente a característica daquele cuja espera é sempre algo negativo. O padrão ansioso quer o resultado imediato, e por isso mesmo busca controlar forças externas para tentar garantir que as coisas ocorram como acredita que deveriam ocorrer. O problema é que o ansioso nunca está onde deveria estar, ou seja, não vive no momento presente, pois está preocupado demais em antecipar o que pode acontecer no futuro, que para ele sempre vem pintado com tintas sombrias. O ansioso de certa forma é pessimista, e por conta disso tem dificuldade em abraçar a esperança.

Certamente a ansiedade nem sempre é algo negativo. Existe uma ansiedade natural, resultante da preparação do organismo e do psiquismo para enfrentar os alertas captados por nossas fontes de percepção. Essa é nossa herança primitiva, que serviu e serve para a sobrevivência. Identificada uma fonte de ameaça, nosso corpo precisa reagir, e para isso os estímulos orgânicos precisam ser acionados devidamente. Esse tipo de ansiedade não é um problema. O problema começa a surgir quando identificamos riscos e perigos em toda parte, e isso sobrecarrega nosso organismo e psiquismo com um constante estado de alerta, não raro levando ao esgotamento. Não é à toa que identificamos tantas pessoas sem esperança ou desesperadas.

Identificada a ansiedade em nosso padrão, o trabalho que temos pela frente é nos perguntar: qual é mesmo o nosso objetivo existencial? Precisamos investir tanto em condições externas de vida, deixando o essencial de lado? Será que precisamos tentar controlar os resultados externos e o comportamento dos outros, ou o mais importante é ter autocontrole para lidar com as questões da vida?

Assim como a fé, a busca do sentido existencial também alimenta a esperança, porquanto a vida passa a ter sabor quando nos alicerçamos em algo que nos impulsione ao futuro, especialmente quando esse sentido é nobre. Como já dizia Nietzsche: "Aquele que tem um porquê para viver pode suportar quase qualquer como".[4] E de todos os fatores não podemos negligenciar o autoconhecimento, pois quanto mais mergulhamos em nós mesmos, quanto mais aprendemos sobre nossas potencialidades e habilidades, mais forças encontramos onde sequer imaginávamos. Quando olhamos para todas as façanhas de que o ser humano é capaz, não podemos esquecer de que somos capazes de elaborar e executar maravilhas, desde que sejamos conhecedores e capacitados. Por que será que, às vezes, nos contentamos com tão pouco e vivemos de forma tão limitada, comparada ao que somos capazes?

Talvez encontremos respostas no símbolo da canção a que nos referimos inicialmente: o arco-íris. O arco-íris é um fenômeno que ocorre quando a luz do sol encontra as gotas de água suspensas no ar, e a luz decompõe-se nas várias cores do seu amplo espectro. A virtude da esperança nos leva a acreditar na vida porque passamos a vê-la em suas variadas tonalidades, e vencendo o nosso mundo interior sombrio, passamos a ter certeza de que além do arco-íris existe um lugar de encantos, um verdadeiro tesouro, que é o nosso próprio eu transformado.

Utilizando-se dos belos exemplos da Natureza, uma amiga sintetizou de forma muito poética e profunda o que entendia por esperança, quando lançamos a pergunta ao grupo em comum de que participamos. Amadurecida pelas experiências da vida – algumas dolorosas, mas sempre com um sorriso de menina estampado –, especialmente agora que tomou as rédeas da própria existência, o que propiciou profundas descobertas, ela respondeu: – *A esperança é como um rio que corre para o mar com paciência, gratidão e fé.*

Concordamos com ela, porquanto o rio, assim como a esperança, é uma força em movimento, que não para, mesmo que obstáculos se

---

4. FRANKL, Viktor E. *Em busca de sentido.* 2. ed., Petrópolis: Editora Vozes, 1985, p. 9.

lhe oponham. Tende para o mar, algo maior e mais profundo, como uma existência que se move em direção a um sentido ampliado. Tem paciência, porque sabe que os desafios devem ser enfrentados com serenidade, com a ciência da paz, como bem define Joanna de Ângelis, porque é preciso que todos os sentidos estejam em equilíbrio para que nos conectemos com nossas forças. É grato, porquanto aprende a apreciar a vida em variadas dimensões, extraindo a luz da própria *sombra*. Tem fé porque acredita, não de forma vacilante, mas a transformando em certeza, na qual encontra forças para prosseguir.

Alimentados por essa virtude, esforçar-nos-emos para ser a pessoa que nascemos para ser e, independentemente das crises que a vida nos apresente, teremos forças suficientes para enfrentá-las, porque aprenderemos a iluminar com o brilho do nosso ser todas as expressões da vida. Ademais, saberemos lidar com todas as circunstâncias, porquanto seremos portadores da valiosa arte de saber esperar.

## *A escada para uma vida simples e extraordinária*
### (Iris Sinoti)

> *Primeiro diga a você mesmo o que você deveria ser; depois, faça o que tem de fazer.*[5]
> Epicteto

Talvez uma das grandes lições que precisamos aprender seja algo muito simples: não temos o poder de controlar o fluxo natural da vida. Entender essa verdade já é um grande exercício de humildade, visto que perdemos muito tempo tentando "arrumar" a vida e fazer com que as coisas funcionem exatamente como achamos que deveriam ser, e quase nunca como elas precisam ser.

Mas mesmo prosseguindo na tentativa de "arrumar exaustivamente" a vida, a sensação de que ainda tem alguma coisa fora do lugar sempre se faz presente. A questão é que não sabemos qual é a maneira

---
5. EPICTETO. *A arte de viver*. Rio de Janeiro: Sextante, 2000.

certa de viver a vida, ou melhor, se existe uma maneira certa, e terminamos por perambular fazendo escolhas aleatórias, apenas atendendo o imediatismo de um *ego* imaturo. Se voltássemos o olhar para o único lugar que realmente precisa ser arrumado e que verdadeiramente temos poder para fazê-lo, experimentaríamos a tranquilidade interior que tanto desejamos. Do contrário, sofreremos os dias na aflição, na frustração e consequentemente na ansiedade.

E o que falar da ansiedade? O comportamento ansioso passou a ser visto como resultado natural da sociedade contemporânea, ou seja, estamos aceitando uma condição muitas vezes patológica, para nos sentir inseridos, aceitos, felizes e ilusoriamente amados. Desviamos o olhar do que realmente é nosso e que nos compete realizar e nos (pré)ocupamos com o que pertence aos outros, com as opiniões e achismos sobre o que somos ou deveríamos ser, sobre o que fazemos ou deveríamos fazer, ou, ainda, tomamos para nós afazeres alheios e nos sobrecarregamos com a vida do(s) outro(s), deixando a nossa transformação para outro momento. O resultado? Ansiedade!

A vida sob a perspectiva do *ego* – principalmente quando ainda imaturo – fica bastante limitada e imediatista, ou seja, a ela acontece apressadamente, e os desejos passam a ditar as regras: tudo precisa acontecer rápido para que se obtenha o que se quer, e ao mesmo tempo usa-se de muita energia para manter distante o que causa repulsa, ou simplesmente o que provoque um movimento para dentro. Tentar evitar o sofrimento virou meta de muitos e doença de todos.

A busca por um "recurso mágico" que tire o incômodo interno tem lotado os templos religiosos, os ambulatórios médicos e os consultórios terapêuticos. Felicidade é um estado de difícil compreensão nos dias de imediatismo do *ego*, e como o desejo dita as regras, não se tem tempo para construir a escada que leva ao estado simples de felicidade. Como já percebia Jung: "O principal objetivo da terapia psicológica não é transportar o paciente para um impossível estado de felicidade, mas sim ajudá-lo a adquirir firmeza e paciência diante do sofrimento. A vida acontece num equilíbrio entre a alegria e a dor".[6]

---

6. JUNG, C. G. *A prática da Psicoterapia*. Petrópolis: Editora Vozes, 2004.

Quanto mais se direciona a vida ao atendimento dos desejos, mais frequentemente se viverá o que desesperadamente se tenta evitar – o sofrimento, a decepção e a angústia. Que bom que as circunstâncias da vida não ocorrem para atender as nossas expectativas, pois o crescimento psicológico seria um intento demasiadamente demorado.

Supondo que, ao tentar controlar o fluxo da vida, tenhamos colocado óculos de lentes verdes, que representam exatamente o nosso medo do novo, e que os colocamos sempre que ficamos desagradados e desconfortáveis com os acontecimentos resultantes das escolhas tomadas. Quanto mais evitarmos esse fluxo natural, mais teremos necessidade de utilizar os óculos, e cada vez mais enxergaremos a vida com uma única cor, sempre verde, sempre com medo.

Essa é a escolha pela aparência, na qual se acredita no que se ver, e o que se vê é a representação do medo de viver. Conforme Epicteto, filósofo estoicista: "Não podemos escolher as circunstâncias externas da nossa vida, mas sempre podemos escolher a maneira como reagimos a elas".[7] Por isso mesmo, devemos tirar os óculos do controle e enfrentar as escolhas tomadas, subindo ao degrau que ensinará a compreender que são as atitudes e reações pessoais que embaçam o olhar e impedem de ver de dentro para fora as situações da vida. É o que sentimos e não o que acontece que verdadeiramente nos atinge.

Outro fato que nos impede de viver uma vida simples é a constante tentativa de mudar as pessoas. Esse é um importante degrau na experiência da simplicidade, pois as pessoas irão sempre se comportar de acordo com o que elas são, desejam ou acreditam ser, e não como achamos que elas deveriam ser. Por um tempo, até pode funcionar, mas se perde o melhor do relacionamento, que é a chance de viver uma experiência autêntica com pessoas de verdade e de crescer com essa convivência. Cada pessoa tem um caráter único, que independe da maneira como as vemos, e forçá-las a usar os óculos de lentes verdes não é garantia de relacionamento saudável.

As relações, principalmente afetivas, devem ser pautadas na liberdade, na escolha de estar vivendo e partilhando sua vida com aquele

---

7. EPICTETO. Op. cit., p. 29.

outro diferente e ao mesmo tempo tão semelhante em aspectos nossos que rejeitamos. O que temos hoje são relações que transitam do amor ao ódio por qualquer motivo, e perde-se, com isso, a oportunidade de perceber a real causa do sofrimento, que é o apego.

Na vida, nenhuma ocorrência é isenta da oportunidade de crescimento, basta que busquemos "arrumar" os cantos bagunçados dentro de nós mesmos para encontrar recursos interiores escondidos.

É exatamente no imprevisto que se deve resistir à tentação do controle e voltar-se para dentro, perguntando a si mesmo quais são os recursos e ferramentas que já se dispõe para lidar com a situação. Buscar no lugar mais escondido, pois é sempre nesse lugar que encontramos a força que achávamos não possuir.

Que liberdade poderia ser experimentada se os esforços fossem canalizados para o desenvolvimento interior, e não para críticas e confrontos, cobranças e exigências? Não haveria, assim, a obrigação de atender expectativas e caprichos, mas a liberdade para crescer e deixar crescer. Claro que não é tarefa simples nem fácil, pois o *ego* tem que sacrificar o que pensa ser benefício para usufruir de tal liberdade; viver uma vida sem expectativas é um passo importante para desapegar-se da ilusão do controle, e um degrau de acesso a uma vida simples e extraordinariamente livre.

Quem realmente você quer ser? Nesse degrau, tendemos a ficar por um bom tempo, nem sempre por não sabermos a resposta, mas por acreditarmos ser quem não somos.

Aceitar o desafio de ser quem se é leva a um patamar mais elevado desse degrau, que deve começar com um olhar profundo para si mesmo e talvez pela primeira vez conversar com essa pessoa tão desconhecida e tão próxima, iluminando sua escuridão, apando suas arestas, acolhendo seus medos, reconhecendo seus valores. É exatamente essa pessoa que, dentro de uma ordem divina, tem um trabalho especial para realizar e que só ela pode executar. A única coisa que ela precisa fazer é ouvir a si mesma, ser grata, perdoar e amar-se profundamente, não buscando fora o que ela ainda não encontra dentro de si mesma.

Para vivermos uma vida simples e extraordinária é necessário buscar viver dentro da proposta de um sábio padre eremita: "O mundo muda quando o homem muda, o homem muda quando o seu coração muda. E o coração só muda quando aprende a amar". [8]

E como bem disse Theodore Roosevelt,[9] em memorável discurso:

*Não é o crítico que importa; nem aquele que aponta onde foi que o homem tropeçou ou como o autor das façanhas poderia ter feito melhor. O crédito pertence ao homem que está por inteiro na arena da vida, cujo rosto está manchado de poeira, suor e sangue; que luta bravamente; que erra, que decepciona, porque não há esforço sem erros e decepções; mas que, na verdade, se empenha em seus feitos; que conhece o entusiasmo, as grandes paixões; que se entrega a uma causa digna; que, na melhor das hipóteses, conhece no final o triunfo da grande conquista e que, na pior, se fracassar, ao menos fracassa ousando grandemente.*

Esse é o segredo!

---

8. Dario Escobar é um sacerdote colombiano que vive a tradição dos antigos padres do deserto, no Líbano. Disponível em: <http://g1.globo.com/globo-reporter/videos/t/edicoes/v/eremita-dorme-em-travesseiro-de-pedra-em-regiao-isolada-no-libano/5803552/>.
9. Trecho retirado do discurso *Cidadania na República* proferido pelo 26º presidente dos Estados Unidos da América, Theodore Roosevelt, em 23 de abril de 1910, em Sorbonne, Paris, França.

*Alma querida!*
*Vive de tal forma que a*
*transitoriedade da existência*
*assinale o teu caminho com*
*a luz diáfana do amor*
*convertido em felicidade perene.*

*•••*

*Joanna de Ângelis/Divaldo Franco*

# 13

# TRANSITORIEDADE

*Transitoriedade* – Joanna de Ângelis
*O verdadeiro poder* – Cláudio Sinoti
*Respeitável público!* – Iris Sinoti

### Transitoriedade
(Joanna de Ângelis)

Vive-se, na Terra, a ilusão do fenômeno material, e a mente, sonhadora pela plenitude, divaga na ambição mal formulada em favor da perenidade equivocada no corpo transitório.

Tudo no mundo físico é efêmero, nada pertencendo a ninguém, nem sequer a roupagem orgânica de que se utiliza.

Necessária a reflexão em torno das ocorrências do passado, cuja força se manifesta nos acontecimentos do presente, sendo a causa dos fatores que podem propiciar a felicidade ou a desdita, porquanto no Universo predomina a ordem, e todas as leis que o mantêm são estáveis e inabordáveis.

Onde se encontram, pergunta-se, as glórias das civilizações transatas, o poder dos faraós e dos ditadores, dos reis faustosos e dos generais temíveis por um dia?...

O tempo, na sua voragem tão incessante quão inclemente, a tudo devorou, inscrevendo-os, momentaneamente, nas páginas da História, ornados de valores que lhes foram atribuídos ou que alguns chegaram a possuir.

Santuários imponentes e palácios grandiosos, jardins incomparáveis, portadores de beleza invulgar, e edificações para enfrentar a eternidade foram consumidos, deles restando fragmentos que repousam amontoados ao sabor dos climas diferentes que os desgastam, graças às chuvas ácidas destruidoras, ou em museus pomposos, alguns outros sob os lençóis de areia dos desertos ou das águas que os cobriram.

O Templo de Diana, em Éfeso, ou o Colosso de Rodes, grandiosas obras do engenho humano, ruíram com tremores de terra e foram transformados em ruínas famosas e sem qualquer utilidade.

Os grandes amores que embalaram personagens brilhantes ficaram nas evocações literárias e os personagens que os vivenciaram cederam lugar ao anonimato, às memórias românticas, reencarnando em corpos deformados ou sob os acúleos de degenerescências aflitivas...

Os temíveis bárbaros que ameaçavam periodicamente a civilização, assim como os seus edificadores, foram execrados e vencidos pelos mesmos processos com que foram exaltados...

Tudo passou, e o ser moderno contempla os escombros denominados preciosos sem dar-se conta de que também avançarão pelas estradas do progresso, transformados em recordações do pretérito nos dias do porvir.

Julgados pela História contemporânea, muitos daqueles dominadores não passam de criminosos oportunistas que foram favorecidos pelas circunstâncias, pela astúcia e pelas armadilhas que montaram em benefício próprio.

Cantores e poetas, artistas e pensadores, poviléu e nobres deixaram as suas marcas desde que se transformaram em majestosas lendas, tendo necessidade de avançar pela fieira dos séculos dando continuidade aos esforços interrompidos pela morte.

Os louros, em folhas vivas e de ouro, que adornavam as cabeças vitoriosas dos guerreiros ou dos monarcas em triunfo, murcharam os que tinham vida, e desapareceram os valiosos, roubados uns, esquecidos outros no silêncio das sepulturas.

A Esfinge misteriosa continuou na estrada de Tebas, apresentando aos novos Édipos a sua interrogação, na qual está o enigma do ser humano.

O homem e a mulher avançam em direção a uma nova era de amor que se lhes desenha fascinante, convidando-os à conquista da imortalidade triunfal.

As massas modernas, esmagadas umas pelas expiações e provações severas, olham outros conglomerados humanos que consideram felizes com tristeza ou inveja.

Espíritos audazes e corajosos rompem os cipoais da ignorância e cerram os abismos da miséria, edificando o conforto e a segurança dos poderosos do momento.

Há glórias da Ciência e da razão.

A beleza está presente em toda parte, mesmo onde reina o caos, com a sua singularidade.

Existem altares dedicados à arte, às ambições mais variadas, e o luxo, a prepotência dominam os círculos sociais.

...E o teatro terrestre renovou-se, mantendo os mesmos dramas do passado...

Hoje é o dia do prazer, este é o momento do gozo exaustivo. Como consequência, uma vaga de loucura varre a Terra em todos os seus quadrantes.

Desperta, tu que dormes, para a realidade existencial.

Não é necessário que abandones o mundo e as suas injunções aflitivas, mas se torna indispensável que reflexiones a respeito da tua imortalidade e por ela trabalhes, enquanto as circunstâncias te sejam propiciatórias.

Vive de tal forma que a tua consciência se liberte de toda culpa e desequilíbrio.

Aprende a sorrir sem a necessidade da máscara externa, em cujo momento as emoções do bem e do amor te façam bem.

Ama e serve quantos estejam ao teu alcance, e crê, não faltarão convites à vivência de ambos. Basta que observes onde quer que te encontres.

Reveste-te da simplicidade relevante e abre as tuas emoções ao socorro do sofrimento, da desolação, fazendo-te de esperança dos inquietos, de alegria dos tristes e de voz dos que já não se podem expressar.

Torna-te útil sempre e pensa em Jesus.

O mundo dá prazer, e Ele concede plenitude.

De imediato, a alegria das realizações proporciona a continuação da paz que Ele concede ao ser aureolado de júbilos permanentes.

Não te facultes a sustentação dos vícios deploráveis e das ânsias do coração irresponsável.

Observa a memória daqueles que se deram e permanecem como verdadeiros evangelhos de feitos, sensibilizando-te o ser.

Alma querida!

Vive de tal forma que a transitoriedade da existência assinale o teu caminho com a luz diáfana do amor convertido em felicidade perene.

### *O verdadeiro poder*
*(Cláudio Sinoti)*

É difícil entender, em uma visão superficial, o que faz Jesus enxergar nos humildes, aflitos e injustiçados uma condição de *bem-aventurança*. Ninguém deseja, em sã consciência, sofrer ou estar em uma condição "inferior", e o que se preza normalmente é poder fruir prazer, bem-estar e comodidades. Qualquer sensação desagradável aos sentidos é comumente rejeitada pelo *ego*.

A ventura, no sentido de bom "destino", costuma ser atribuída àqueles a que a vida parece ter concedido mais facilidades, que dispõem sem muito esforço do que desejam. É comum valorizar-se os de berço de ouro, os de elevado poder de consumo, os que têm ampla exposição na mídia, mesmo os de costumes exóticos. Na ótica do *ego*, esses seriam os bem-aventurados, aqueles a quem a sorte alcançou, e não os rejeitados e excluídos.

Mas as propostas de Jesus transcendem o olhar do *ego*, e, apresentando uma visão ampla e holística, Ele nos convida a observar a vida sob prismas que normalmente não atentamos, para não perdermos contato com o objetivo das nossas jornadas. Isso se evidencia na proposta das *Bem-aventuranças*, quando tentamos entender profundamente os ensinamentos nelas contidos e que, conforme a análise do psicoterapeuta Edward Edinger, quando "abordadas em termos psicológicos, podem ser compreendidas mais precisamente como louvor do ego não inflado".[1]

No caminho para *"desinflar o ego"* e encontrar as verdadeiras fontes de poder, na perspectiva das *Bem-aventuranças*, Jesus nos apresenta, em primeiro lugar, a humildade como a porta de entrada para uma condição de plenitude. Ela é uma virtude essencial na jornada de autodescobrimento, pois proporciona ao ser humano reconhecer seus limites sem neles deter-se. Muitas vezes a humildade é mal compreendida, como uma atitude ou condição de inferioridade. Mas, em essência, ela faz com que o indivíduo não se coloque na condição de superioridade nem de inferioridade, mas na justa medida daquele que sabe que sempre pode aprender mais com os outros e com as circunstâncias da vida, mesmo que aparentemente seja privilegiado em algum aspecto ou característica, o que sempre é muito relativo.

Na vida de Sócrates encontramos um belo exemplo de humildade. Quando disseram a ele que o Oráculo de Delfos o havia indicado como o homem mais sábio da Grécia, ele ficou em conflito. Sabia que existiam homens mais cultos e hábeis em vários ofícios e campos do conhecimento, mas ao mesmo tempo não ousava duvidar do Oráculo, considerado sagrado pelos gregos. Saiu a investigar vários dos cidadãos que considerava de valor e prestígio, mas sempre encontrou neles um laivo de orgulho e superioridade, o que era incompatível com o que julgava ser sabedoria. Por fim, fez a seguinte leitura da previsão do templo: "Aqueles dentre vós, ó homens, são sapientíssimos os que, como Sócrates, tenham reconhecido que em realidade não tem nenhum mérito quanto à sabedoria".[2]

A humildade faculta vivenciar de forma mais profunda experiências normalmente tidas como negativas ou mesmo rejeitadas pelo *ego*: aquelas acompanhadas pelo sofrimento. Na proposta das Bem-aventuranças, Jesus exalta aqueles que passam por dores, os que choram, os aflitos, convidando a observar o sofrimento e suas consequências, além dos seus

---

1. EDINGER, Edward F. *Ego e arquétipo.* 10. ed. São Paulo: Cultrix, 1989, p. 63.
2. PLATÃO. *Apologia de Sócrates.* 1. ed. São Paulo: Martin Claret, 2001, p. 43.

efeitos imediatos, para poder conseguir verificar o "ganho" que pode ser alcançado quando as circunstâncias aflitivas são vividas de forma consciente. Isso nos remete à busca de um sentido por trás da aflição.

Para compreender as Bem-aventuranças é importante entender que a vida tem um propósito, um sentido profundo, e que o sofrimento que nos aflige é um dos mecanismos desse propósito maior. Quando o sofrimento decorre da má utilização dos recursos que a vida nos coloca ao alcance, seja consequência de existências passadas, seja da atual, ajuda-nos a corrigir o curso existencial, alertando para a forma como não devemos nos conduzir. No momento em que conseguimos perceber o sofrimento dessa forma, damo-nos conta do seu aspecto bem-aventurado. Fora isso, o ser maduro consegue perceber que o sofrimento ocorre também na condição de mecanismo da vida e a serviço dela, impulsionando a conquista da plenitude. Por isso mesmo deve ser bem aproveitado, bem vivido, no sentido de extrair dele as preciosas lições que apresenta.

Ademais, grande parte da aflição provém das escolhas equivocadas que fazemos. E se isso ocorre, temos que aprender a fazer escolhas, amadurecer, sair da superfície para perceber a profundidade da vida. Ao mesmo tempo, temos que nos dar conta que a intensidade com que se sofre depende da estrutura de cada indivíduo, em seus aspectos emocionais, psicológicos e espirituais, sendo o desafio aprimorar a personalidade para enfrentar os eventos perturbadores, munindo-se de valores e ferramentas para o fazer com consciência. Quando assim fazemos, alcançamos a "bem-aventurança" através do sofrimento, e assim somos consolados.

Sem a pretensão de abarcar todo o sentido a que Jesus se refere, podemos encontrar algumas pistas na etimologia da palavra "consolado". No latim, *con* – estar com – e *solus* – inteiro. Daí depreendemos: deveremos estar inteiros na vivência das experiências que a vida nos apresenta. Isso nos remete a um sentido psicológico profundo, porquanto quando estamos divididos, abrimos espaço ao conflito, mas quando estamos inteiros, a nossa percepção se amplia.

As lições da humildade e do sofrimento bem vivido, experimentado com consciência, proporcionam lidar com outras dinâmicas desafiadoras: a injustiça, a calúnia e a perseguição.

Percebendo as injunções da vida enquanto experiências estruturantes, a *fome e sede de justiça* propostas por Jesus, que encontrarão saciedade, não são buscas simplesmente externas, pois que essas dependeriam dos outros e de um estado coletivo para serem concretizadas. Trata-se da busca de uma instância ética dentro do próprio indivíduo, que passa a agir de acordo com as leis da própria consciência, mesmo que o coletivo possa estar em desacordo, mesmo que possa ser caluniado, injustiçado e perseguido.

No dia 12 de junho de 1856, antes mesmo de lançar *O Livro dos Espíritos*, Hippolyte Léon Denizard Rivail, que futuramente ficaria conhecido pelo pseudônimo Allan Kardec,[3] recebe do *Espírito Verdade* as seguintes orientações: "[...] Contra ti se açularão terríveis ódios, implacáveis inimigos tramarão a tua perda; estarás exposto à calúnia, à traição, mesmo daqueles que te parecerão mais dedicados; as tuas melhores instruções serão impugnadas e desnaturadas; sucumbirás mais de uma vez ao peso da fadiga; em uma palavra, é uma luta quase constante que terás de sustentar com o sacrifício do teu repouso, da tua tranquilidade, da tua saúde e mesmo da tua vida, porque tu não viverás muito tempo".

Qual ser humano prosseguiria com um ideal que lhe exigisse tamanha abnegação? Sob o olhar do *ego*, somente um louco seria capaz de abraçar uma causa já sabendo da batalha intensa a ser travada, com tantos ódios contra si. Mas aquele que consegue ter olhos acima do lugar-comum e, estabelecendo pontes com o *Self,* vislumbra além da superfície consegue sentir alegria na luta intensa, porque sabe da sua importância. O foco é no objetivo maior, e não nas consequências imediatas.

Mais tarde, o próprio Allan Kardec iria escrever a respeito das previsões do Espírito Verdade: "Escrevo esta nota no dia 1º de janeiro de 1867, dez anos e meio depois que esta comunicação me foi dada, e verifico que ela se realizou em todos os pontos, porque experimentei todas as vicissitudes que nela me foram anunciadas. Tenho sido alvo do ódio de implacáveis inimigos, da injúria, da calúnia, da inveja e do ciúme; têm sido publicados contra mim infames libelos; as minhas melhores instruções têm sido desnaturadas; tenho sido traído por aqueles em quem depositara confiança, e pago com a ingratidão por aqueles a quem

---

3. KARDEC, Allan. *Obras póstumas*. 33. ed. Rio de Janeiro: FEB, 2003, p. 282.

tinha prestado serviços... Entretanto, graças à proteção e à assistência dos bons Espíritos, que sem cessar me têm dado provas manifestas de sua solicitude, sou feliz em reconhecer que não tenho experimentado um único instante de desfalecimento nem de desânimo [...]".[4]

Além do testemunho de Kardec, são inúmeros os exemplos que podem ser citados. Sócrates, antes de Cristo, foi encarcerado e envenenado pelo *crime* de tentar estimular os atenienses a pensar e a construir valores morais. Francisco de Assis foi surrado pelo pai, que o teve como louco; foi tido na condição de mendigo enquanto aguardava uma audiência com o papa, para tentar a liberação da ordem que desejava fundar e, ao final da vida, foi traído pelos próprios companheiros de ordem. Gandhi foi preso várias vezes, violentado e assassinado por ter abraçado um ideal de não violência e lutado por uma causa justa. E Jesus, o maior exemplo de que temos notícia, foi preso, supliciado e crucificado pelo "crime" de apresentar a luz em um mundo onde a *sombra* tinha (e de certa forma ainda tem) prevalência. Qual a fonte de poder que os sustentava? O tesouro que buscavam certamente não vinha das fontes que o *ego* tanto almeja.

Jesus, portanto, na condição de sublime psicoterapeuta, apresentou um hino de esperança aos sofredores de todos os tempos. Ao assegurar a transitoriedade dos fenômenos aflitivos, convocou-nos a viver com consciência cada experiência da vida, que, mesmo contendo sua carga de sofrimento, traz consigo os aprendizados necessários para a conquista da plenitude, o Reino dos Céus no interior de cada indivíduo. E os que alcançam esse estado da alma, mesmo quando sofrendo, *são bem-aventurados*.

O verdadeiro poder, desse modo, é um estado de bem-aventurança interna que nenhum fator ou ocorrência de ordem externa pode retirar do indivíduo, porquanto se trata de uma conquista íntima.

Será que existe tesouro maior do que aquele alcançado por alguém que se conecta com a própria essência e em si descobre o *deus interior*?

---

4. Idem, p. 283.

## Respeitável público!
### (Iris Sinoti)

*O objetivo da vida é o desenvolvimento próprio, a total percepção da própria natureza, é para isso que cada um de nós vem ao mundo. Hoje em dia as pessoas têm medo de si próprias. Esqueceram o maior de todos os deveres, o dever para consigo mesmos. É verdade que são caridosas. Alimentam os esfomeados e vestem os pobres. Mas as suas próprias almas morrem de fome e estão nuas.[5]*

Imagine-se em um lugar público com muitas pessoas transitando; elas se atropelam e se acotovelam, mas não se olham, ocupados que estão, com seus dedos rápidos, conversando com centenas de amigos virtuais. Piorando a estranheza, elas param de uma hora para outra, fazendo poses, caras e bocas, tirando fotos para mostrar que são felizes. Continue a imaginar que, neste mesmo lugar, um fotógrafo anônimo registra tudo e que, em um dado momento, todas as fotos tiradas serão projetadas em uma grande tela. Para nossa surpresa, agora as pessoas param e, ainda sem olharem umas para as outras, postam seus olhos na tela, ansiosas que estão para ver se em algum momento foram clicadas pelo anônimo fotógrafo.

Em 1967, o filósofo francês Guy Debord publicou *A sociedade do espetáculo*, obra que, além do seu conteúdo, impressiona pela condição profética sobre os dias atuais. O que Debord chamava de "espetáculo" consiste na "relação social entre pessoas, medida por imagens".[6] Qualquer semelhança com os dias atuais não é coincidência, porque, diante da necessidade de se postar tudo, alimenta-se a obrigatoriedade infantil de ser validado pelos outros, na ilusão de que a vida precisa ser divulgada, pois, se existe algum interesse no que se publica, é possível que seja uma pessoa interessante.

Encontramo-nos em um grave momento social e moral, no qual a aparência é o que nos define como ente na sociedade. Não só abrimos mão do ser pelo ter, como agora não importa só ter, mas acima de tudo

---

5. WILDE, Oscar. *O retrato de Dorian Gray*. Edição Integral. São Paulo: Nova Cultural, 1996, p. 30.
6. DEBORD, Guy. *A sociedade do espetáculo*. 1. ed. Rio de Janeiro: Contraponto, 1997, p. 24.

*parecer ter.* Com essa mudança de comportamento, uma necessidade impera: como imagem, a pessoa anseia por ver e sofre se não for vista, estabelecendo-se a ditadura da persona. A questão é que a *persona* "não é real" e, ao identificar-se com ela, na ânsia de ser visto, negligencia-se a realidade interior.

Os sintomas não demoram: "[...] Quanto mais ele contempla, menos vive; quanto mais aceita reconhecer-se nas imagens dominantes da necessidade, menos ele compreende a sua própria existência e o seu próprio desejo".[7] Enquanto o indivíduo buscar fora o acolhimento e a aceitação que devem começar dentro dele, estaremos todos vivendo sob a ameaça de nos transformarmos em meras marionetes de um imenso espetáculo. Será que nos ocorre que poderemos estar vivendo a vida ditada pela ânsia de aparecer e que essa ânsia pode estar direcionando nossas escolhas? Como explicar, em meio a tantos cliques e amigos virtuais, a depressão ter alcançado números alarmantes?

Já não se exclui ninguém, no entanto o suicídio tomou proporções jamais imaginadas. Nunca se soube de tantos casos, a cada dia um número maior de pessoas desistem da vida, e sem dúvida o problema fundamental é o vazio existencial, a ausência de sentido. Até mesmo os heróis da infância foram substituídos pelos *youtubers,* formadores de opinião, mas muitas vezes sem opiniões ou valores. Como poderemos ter autonomia se nem mesmo sabemos mais definir quais os nossos desejos e necessidades? Como poderemos mergulhar profundamente no inconsciente se nos encontramos ainda tão necessitados da projeção da nossa imagem? Quem nos guiará se já não nos reconhecemos?

Somos distraídos e seduzidos pela possibilidade de fama e popularidade rápidas, encharcados de informações que ofuscam nossa inteligência e alimentam conteúdos sombrios, gerando um resultado perigoso e quase fatal ao desenvolvimento moral do ser. Por não estarmos cumprindo o nosso dever para conosco, estamos nos tornando vulneráveis diante de poderes rudes e destrutivos da nossa própria natureza.

Apartados de si, o homem e a mulher caminham preocupados em preservar a imagem social e, sem que tenham consciência, assinam um

---

7. Idem, ibidem.

contrato com o coletivo, pagando o altíssimo preço da perda de identidade e repetindo a trágica saga de Dorian Gray.

*O retrato de Dorian Gray* foi publicado em sua verão final em 1891 pelo poeta e dramaturgo Oscar Wilde. Nesse romance, o personagem Dorian Gray é o tema de um retrato pintado por um artista que está impressionado e encantado com a sua beleza. Por meio desse artista, Dorian conhece lorde Henry Wotton e logo se encanta com a visão de mundo hedonista do aristocrata: beleza e prazer seriam as únicas coisas que valeriam a pena perseguir na vida. Quando percebe que sua beleza irá eventualmente desaparecer, Dorian expressa o desejo de vender sua alma, para garantir que o retrato, em vez dele, envelheça. O desejo é concedido, e ele persegue uma vida vazia, de experiências volúveis e torpes; enquanto isso, seu retrato envelhece e registra todos os "pecados" que corrompiam sua alma. Dorian, com o passar dos anos, torna-se arrogante, orgulhoso e capaz de cometer atos violentos e criminosos para manter seu segredo, ele é a pior versão de si mesmo. Quanto mais o tempo passa, a sua corrupção se imprime no retrato, e ele só vê uma imagem mais feia de si mesmo.

Voltemos para a tela onde as fotos estão sendo projetadas... Ali, exatamente como Dorian Gray, estamos parados contemplando a nossa própria imagem, na esperança de eternizarmos aquele ilusório momento de felicidade – será que podemos chamar isso de felicidade? –, convencidos de que somos o que aparentamos ter, ou ainda, de maneira lamentável, constataremos: "Sou apenas uma coleção de espelhos refletindo o que os outros esperam de mim".[8] Triste pensar que muitos acreditam ter o controle de si mesmos, mas não percebem o que de fato está em ação em seu interior.

A tentativa de eternizar-se no presente é percebida na necessidade de registrar, ser seguido, ser curtido, terminando por demonstrar quão superficial e frágeis tornaram-se as relações. Assim como o próprio Narciso, ficamos em frente à tela a nos contemplar, tiramos fotos por segundos, fazendo *selfies* e alimentando o *ego*. A cada foto que aparece em nossa tela imaginária, alguém perde a sua individualidade, estamos

---

8. MAY, Rollo. *O homem à procura de si mesmo*. 33. ed. Petrópolis: Editora Vozes, 2011.

construindo uma sociedade narcísica, necessitada da própria imagem. Ali na tela pode-se ser qualquer um, pode-se dizer qualquer coisa, não existem vínculos reais, não há relacionamento. Como afirma Lasch: "Relações baseadas na glória refletida, na necessidade de admirar e ser admirado, são fugazes e inconsistentes".[9]

O encantamento de Dorian pela proposta hedonista de lorde Henry e a atitude egocêntrica de Narciso sutilmente se apresentam hoje, mobilizando a maioria dos "conectados", levando a uma vida vazia e com valores dúbios, sem relações profundas; queremos acreditar que tudo está ao alcance das nossas mãos.

Separamo-nos tanto do sentido que inconscientemente provocamos o sentir, um sentir sombrio. Damos audiência ao noticiário tóxico que é servido no café da manhã, no almoço e no jantar, e sentimos taquicardia, medo, ansiedade... Pessoas sem expressão para o bem coletivo são lançadas a jato na fama, "seguidas", "curtidas" e invejadas por suas vidas glamorosas e banais. Os nossos jovens se mutilam, sentem dor; e o que nós sentimos?

Pagamos um preço alto por fugir da solitude, e adentramos na solidão acompanhada. Evitamos o dialogo interno e perdemos a oportunidade de conhecer a única pessoa que participa do drama da nossa vida, ignorando a nossa história para seguir celebridades. Onde colocamos o espelho que deveria refletir nossa alma? De que valerão milhões de seguidores se a alma deixar de ser nossa aliada?

Acreditar que podemos divulgar uma vida feliz através da *persona* é também ignorar que estamos depositando na *sombra* toda a vida que verdadeiramente deveríamos estar vivendo. Renunciar a verdadeira conexão só nos torna cada vez mais dependentes do externo, ansiosos e muitas vezes frustrados.

Caminhamos sobre a misteriosa estrada da vida e é preciso preparo para cumprir a tarefa que nos é devida. Ficar parado diante da tela esperando nossa imagem aparecer não trará dignidade à nossa existência, não nos ajudará a encontrar profundidade no sofrimento e

---

9. LASCH, Christopher. *A cultura do narcisismo: a vida americana numa era de esperanças em declínio.* Rio de Janeiro: Imago, 1983.

tampouco respostas libertadoras, não firmará os nossos compromissos espirituais e muito provavelmente não trará significado à vida.

É urgente reavermos a nossa autoridade pessoal, encontrar o que é verdadeiro para nós e vivenciá-lo no aqui e agora, sem necessidades narcisistas nem hedonistas de aprovação externa, permitindo-nos viver a liberdade de ser o que devemos ser. Somos convocados todos os dias a descobrir qual é a nossa verdade, a buscar a coragem no fundo de nós para vivê-la no mundo e, assim, sermos respeitados pelo que somos.

Se não formos fiéis a nós mesmos, não conseguiremos manifestar nossa espiritualidade, pois a nossa prática espiritual precisa ser validada por nossas experiências pessoais. De outra maneira não fará diferença em nossas vidas, será só mais um espetáculo para participar.

Somente o que é realmente nosso pode contribuir para a nossa transformação, dignificando nossa existência. É preciso tirar o olhar da tela, em busca de nossa foto clicada, e olhar para dentro, olhar o outro, sentir o que existe dentro de nós, para também sentir o outro, só assim descobriremos que a vida espera muito mais de nós do que sermos "seguidos" e "curtidos". Ela espera que no calvário dos nossos dias, crucificados pelas nossas *sombras*, sejamos capazes de perceber que, sem uma vida direcionada para a verticalidade, não encontraremos com Deus, teremos uma vida estéril, como a de Dorian Gray, voltada para a horizontalidade, andando em círculos, repetindo os mesmos erros na procura de eternizar o efêmero.

Carregar a cruz não é experiência coletiva, e crescer espiritualmente exige, antes de tudo, autoexame cuidadoso e coragem para sustentar nossas verdades. Agora é realmente o momento de fazermos não mais *selfies*, mas de resgatar o *Self*, ou melhor, de encontramos com ele e nos deixar transformar, sem o *photoshop*, mudando verdadeiramente para mostrarmos a nossa verdadeira beleza: a alma imortal que somos!

E, é claro, vestirmos a nossa melhor roupa, enchermos o peito de amor e entrarmos no palco da vida, plenos e certos de que a hora do espetáculo real chegou, e então, cheios do que existe de melhor em nós, levantaremos as mão e diremos: respeitável público, aqui estou eu, pleno, feliz e confiante de que no *show* da minha vida encontrei o personagem principal: eu!

Por fim, não esqueçamos:

*Um rei enviou você a um país para realizar uma tarefa especial, específica. Você vai ao país e executa uma centena de outras tarefas, mas não executou aquela para a qual foi enviado, é como se não tivesse executado nada afinal. Então o homem veio ao mundo para uma tarefa particular e esse é o seu propósito. Se ele não a executa, não terá feito nada.*[10]

---

10. Rumi. In.: HOLLIS, James. *Encontrando significado na segunda metade da vida*. 1. ed. São Paulo: Novo Século, 2011, p. 111.

*Pensa em Jesus!*
*Compara-O com os triunfadores do*
*mundo e constatarás quanto é*
*grande, porque se apequenou, e*
*quanto é poderoso,*
*porque não se exibiu.*
*Sua voz era doce, calma e*
*penetrante, no entanto, venceu*
*todas as tempestades históricas e*
*orgias da loucura, que passaram.*
*•••*

Joanna de Ângelis/Divaldo Franco

# 14

# GLÓRIA IMARCESCÍVEL

**Glória imarcescível** – *Joanna de Ângelis*
**Entre Jesus e Barrabás** – *Cláudio Sinoti*
**O remédio amargo** – *Iris Sinoti*

### Glória imarcescível
*(Joanna de Ângelis)*

Nunca o silêncio fora tão largo.

As vozes que anunciavam a alegria da libertação calaram a sua melodia de esperança nos penetrais do Infinito.

As paixões vis alcançaram níveis insuportáveis que solaparam as bases morais de sustentação da esperança.

A soberba convivia com as ambições superlativas, e o crime confraternizava com a hediondez, gerando situações insustentáveis.

A dor campeava desenfreada em espetáculos de horror e de desprezo.

As autoridades arbitrárias negociavam tudo, esquecidas que as suas leis, no passado, foram anunciadas em memoráveis assembleias de arrebatamento espiritual.

Os profetas vaticinaram que Ele viria quando mais fosse necessitado.

A imaginação alterada vestira-O de poder insano para fomentar o ódio contra os inimigos, destruir os conquistadores e conceder a Israel o cetro do poder temporal.

O santuário transformara-se em mercado vil onde se negociavam as misérias humanas e as ambições econômicas.

Já não se respeitavam os Divinos Códigos.

O exterior na ostentação substituíra o interior despido de artifícios e mantido com os valores da misericórdia, da simplicidade.

A descrença transformara-se em conduta real sob os frívolos compromissos cerimoniais.

A moralidade era cediça, desde o palácio real às choupanas miseráveis.

As festas eram o momento da catarse dos dramas e conflitos, em demonstração de fé religiosa ou de gratidão às bênçãos vividas antes com a libertação da Babilônia e do Egito.

Tudo era superficial e vão, merecendo o destaque dos que mandavam e da volumosa massa que se submetia.

Foi nesse tórrido clima político de submissão à Síria através de Pompeu, em nome do Império Romano e social, de desespero e fugas vergonhosas, que Ele veio.

Sem lugar para nascer, esplendeu Sua luz num tugúrio de calcário, nos arredores de Belém, numa noite silenciosa adornada de luzes estrelares.

... E Ele fez-se a Luz do mundo

A partir daquela ocorrência, da noite inigualável, iniciou-se a era do amor incondicional.

Não O quiseram os manipuladores dos povos.

Não O aceitaram os opulentos e possuidores de coisa nenhuma.

Não O confirmaram os representantes da fé religiosa, porque distantes dela.

Negaram-Lhe agasalho e tentaram confundi-lO com ironias e mendacidade.

Perseguiram-nO, obrigando-O a modificar o Seu programa de pregação do amor.

Escarneceram das Suas palavras e, invejosos, apelaram para a fantasia da figura de *Satanás* fazendo o bem, num paradoxo de que Deus se utilizava do demônio para igualá-lO.

Ironia da pobre e louca Humanidade.

A tudo Ele suportou sem enfado nem ira.

Enfrentou as máscaras da hipocrisia e do desar compadecido da ignorância ultrajante daqueles que se Lhe fizeram inimigos, amigo ímpar que se manteve em relação a todos.

Obscureceram-Lhe o nome e tentaram manchar-Lhe a honra, mas Ele se manteve incorruptível, modificando a História da Humanidade.

Não O queriam, porque era humilde e sem prosápia, preferindo os desditosos aos fanfarrões desprezíveis das altas escalas socioeconômicas.

A Sua figura se exaltou pela renúncia e grandeza dos Seus feitos, da Sua inefável gentileza.

Pensa em Jesus!

Compara-O com os triunfadores do mundo e constatarás quanto é grande, porque se apequenou, e quanto é poderoso, porque não se exibiu.

Sua voz era doce, calma e penetrante, no entanto, venceu todas as tempestades históricas e orgias da loucura, que passaram.

Enquanto o mundo vão se consome nas próprias labaredas, Ele mais se humaniza e se apresenta como a solução única.

Tem coragem de enfrentá-lO para ouvi-lO e senti-lO no imo, dando-te harmonia e balsamizando-te com ternura.

Se O amas, entrega-te por definitivo.

Se O conheces superficialmente, descobre-O mais.

Se não te identificas com Ele ou o Seu programa, busca-O e verás quanto é significativa a Sua presença em tua vida.

Não permaneças indiferente a Jesus.

Soam no ar as doces melodias evocativas do Natal.

Ouve-as com o coração e celebra-Lhe o aniversário com uma canção de amor que transformarás em paz e alegria do próprio viver, amando e servindo sempre.

## *Entre Jesus e Barrabás*
(Cláudio Sinoti)

*Ora, por ocasião da festa, costumava o governador soltar ao povo um dos presos, conforme eles quisessem. Naquela ocasião, tinham eles um preso muito conhecido, chamado Barrabás. Estando, pois, o povo reunido, perguntou-lhes Pilatos: A quem quereis que eu vos solte, a Barrabás ou a Jesus, chamado o Cristo?*[1]

Acompanhando as narrações da entrada triunfal de Jesus em Jerusalém, na qual o Mestre e os apóstolos foram saudados pela multidão de forma tão ostensiva, ficamos muitas vezes sem entender por que Ele não foi escolhido pelo povo, quando da proposta apresentada por Pilatos. Os relatos evangélicos nos levam a entender que a escolha de Barrabás foi amplamente majoritária: "Eles, porém, vociferaram todos juntos: Morra esse homem. Solta-nos Barrabás".[2]

Parece simples e fácil, nos dias atuais, condenar todos aqueles que escolheram Barrabás e dizer que seríamos fiéis a Jesus a qualquer custo, ou mesmo atestar que não faríamos como Pilatos, que, lavando as mãos, deixou que Ele fosse crucificado. Mas será que podemos garantir que faríamos diferente?

Trazendo a questão para o campo psíquico, esse embate ocorre constantemente em nossas vidas, pois todas as vezes que somos chamados a optar entre a realização do *ego* ou prosseguir na jornada de realização da personalidade maior – o *Self* ou o divino em nós – de certa forma atuamos como aqueles personagens registrados nas páginas do Evangelho. É que o Cristo, Barrabás, Pilatos e a multidão simbolicamente se configuram como instâncias psíquicas, e, sem nos darmos conta, a vida pede que escolhamos entre as *glórias* do mundo ou a transformação interior.

---

1. Mateus, 27: 15-17.
2. Lucas, 23:18.

Qual é a nossa escolha?

Pilatos, o procurador romano na Judeia, era o responsável pela palavra final do julgamento. Em sua avaliação pessoal, não encontrou culpa em Jesus, e até dava certa demonstração de estranhar a postura digna daquele homem. Fora isso, teve a advertência da própria esposa, Cláudia, pois que, "enquanto estava sentado no tribunal, sua mulher lhe mandou dizer: 'Não te envolvas com esse justo, porque muito sofri hoje em sonho por causa dele'". [3]

No entanto, por temer pela sua reputação, especialmente quando o nome de César foi recordado pelos que acusavam Jesus, suas convicções pessoais não foram suficientes. No campo da consciência, Pilatos pode ser considerado como a parte ou aspecto a partir do qual fazemos nossas escolhas, pautadas nas percepções e convicções que possuímos. Pilatos possuía várias fontes para poder pautar sua decisão: de um lado, os poderosos, religiosos e políticos, que desejavam condenar Jesus; do outro, os seguidores do Cristo, que, temerosos e acovardados, não se faziam representar, ou o faziam de forma muito tímida. E, em meio a isso, a multidão, que ora seguia para um lado, ora para outro. Porém, de todas as opções, *servir a Roma* pareceu a Pilatos o melhor a se fazer. Não se dava conta de que era escravo do poder, e, como já advertia Jung, a busca do poder e o amor são forças opostas, um se constituindo a *sombra* do outro. Por "coincidência", Roma na grafia portuguesa é um anagrama de amor. E quantas são as vezes que abdicamos do amor pela ilusão do poder?

O *ego* também faz suas escolhas pautado no seu poder de percepção, de acordo com sua maturidade, com o nível de consciência em que se encontra. E é preciso conhecer a si mesmo muito profundamente, para não se deixar conduzir pela voz do coletivo. A tendência à massificação é uma força que cria resistências ao processo de *individuação*. Guiados pela massa, escolhemos a profissão mais rentável, e não a que condiz com nossa alma. Seduzidos pela ânsia do poder, buscamos amigos entre os que podem nos beneficiar, e não os que se encontram conectados pelo verdadeiro sentimento. Inseguros dos nossos próprios valores, não damos ouvidos à voz da intuição, assim como Pilatos não quis escutar as recomendações de sua esposa, que havia sonhado com o *homem justo*.

---

3. Mateus, 27: 19-20.

Quando não somos fortes o bastante para escolher o caminho da *individuação*, sem que nos demos conta, *lavamos as mãos*, tal qual Pilatos, abrindo mão do nobre em favor do bruto, do bárbaro, apenas para alimentar o *ego* de falsas ilusões.

Naquele embate, o povo escolheu Barrabás...

Conforme alguns estudiosos do Evangelho, Barrabás, que etimologicamente significa "Filho do Pai", também se chamava Jesus. Dava-se então o encontro de dois Jesus, conforme anota a educadora Amélia Rodrigues: "[...] Ofereceu Barrabás, que também se chamava Jesus, e eles não aceitaram a troca. Este, segundo alguns, era revolucionário terrestre, enquanto o outro era-O celeste. O bandido agradava a multidão e a conveniência dos poderosos de um dia. Este podia viver".[4] O que podia viver equivale a tudo o que selecionamos para fazer parte da nossa vida consciente, enquanto o que sacrificamos é tudo aquilo que distanciamos das nossas vidas. E quantas são as vezes que não acreditamos sermos capazes de realizar plenamente os potenciais da alma, do *Self* ou do Cristo em nós? Quantas são as vezes que abdicamos de um Eu transformado por escolha própria, mesmo que influenciada por forças diversas, para agradar a todos, desagradando a nós mesmos interiormente? Quantas vezes tentamos transferir aos outros o que é intransferível: a nossa jornada interior?

Psicologicamente, todas as escolhas pautadas na superfície do *ego*, na busca do poder e da exaltação pessoal significam de certa forma a eleição de Barrabás. Ele simboliza a busca de resultados imediatos, dos que tentam se impor através da força. Representa também todas as vezes que nos colocamos no papel de vítimas da vida, e, quando essa é nossa condição, somos tal qual a multidão que escolhe Barrabás, pois que, todas as vezes que nos negamos a um olhar mais profundo da vida, o *Self* permanece sendo apenas uma pequena voz abafada na multidão de vozes do "átrio".

Por que escolhemos assim? Por que nos permitimos ser teleguiados por uma voz coletiva que nos conduz ao abismo? Fazemos escolhas livres ou elas são influenciadas por forças que desconhecemos e

---

4. FRANCO, Divaldo; RODRIGUES, Amélia [Espírito]. *Pelos caminhos de Jesus*. 8. ed. Salvador: LEAL, 2015, p. 149.

por conta disso se tornam mais fortes que nossa vontade interna? Para entender esse processo, torna-se necessário conhecer as vozes dissonantes do nosso mundo interno e passar a escutar aquelas que se encontram conectadas à consciência, abafadas pelo tempo em que permanecemos em estado de sono.

Recordemos que, dos apóstolos e seguidores de Jesus, apenas algumas mulheres – Maria, mãe de Jesus, Maria de Magdala e Joana de Cusa, entre outras –, na companhia de João, o Evangelista, permaneceram com Ele até o final. Essas mulheres são a representação da *anima*, que simboliza as forças femininas do psiquismo, normalmente relacionadas ao amor, à espiritualidade, à fraternidade... João Evangelista, vivenciando o amor, demonstrava ter uma relação saudável com essas forças intrapsíquicas que o impulsionaram a vencer o medo que dominou a maioria dos apóstolos.

A partir do exemplo dessas mulheres e de João, deduzimos que vivenciar os sentimentos profundos, que se conjugam no amor, é um dos caminhos para que comecemos a escolher o Cristo nos grandes embates existenciais, nos quais necessitamos de muita resistência moral para seguir a "porta estreita", um caminho diferente do seguido pela grande massa. Por outro lado, o medo nos aproxima de escolhas sombrias, superficiais, pois tememos não seguir a massa, e terminamos por deixar que essa escolha "mais fácil" nos seduza.

Ademais, para fortalecer esse elo com nossa essência superior, temos pela frente o grande desafio de conjugar as forças de nossa personalidade que se encontram desconexas, desvirtuadas dos valores profundos, e promover uma saudável integração no campo da consciência. Como bem observa Joanna de Ângelis: "Esse encontro se opera quando se passa à auto-observação como centro de busca, examinando-se o comportamento interior, as ambições e experiências, para descobrir-se que há um mundo íntimo vibrante, sensível, aguardando [...]",[5] que pode ser comparado ao Cristo em nós.

Narram algumas tradições que Pilatos terminou seus dias portador de transtorno obsessivo compulsivo que o induzia a lavar as mãos

---

5. FRANCO, Divaldo; ÂNGELIS, Joanna de [Espírito]. *O despertar do Espírito*. 9. ed. Salvador: LEAL, 2013, p. 74.

constantemente, como forma de tentar aliviar a consciência portadora de culpa, e que teria cometido suicídio, saltando na cratera de um monte que hoje leva seu nome, localizado nos Alpes Suíços. É que a culpa se configura como o alerta da consciência de que as nossas escolhas contrariam uma percepção mais profunda e, quando não se possui humildade e reservas morais suficientes para reconhecer os próprios equívocos e refazer a jornada, o processo destrutivo volta-se contra o próprio indivíduo.

Quanto a Barrabás, não se tem mais informações sobre seu paradeiro, mas o inconsciente coletivo preencheu de certa forma essa lacuna histórica, especialmente através do filme no qual o renomado ator Anthony Quinn o interpreta.[6] Na trama, Barrabás não consegue desvencilhar-se da figura de Jesus, que "o persegue" através de amigos que sempre terminam por se referir ou se vincular a Jesus de alguma forma. E, terminando seus dias em Roma, durante o grande incêndio, é confundido com cristãos e crucificado. Enquanto Jesus teria dito em seus momentos finais na cruz: "Pai, em Tuas mãos entrego o meu espírito", na cena final do filme vamos encontrar Barrabás declarando de forma significativa: "Escuridão, entrego-me à tua guarda". Era o símbolo do homem cuja *sombra* venceu a batalha.

Qual o vencedor, qual o vencido? Para o *ego*, que somente observa o imediato, a ilusão parecia contentar; para o *Self,* o Espírito imortal, a glória provém das escolhas pautadas e lastreadas na consciência. Quando nos resolvermos por atender ao chamado da nossa consciência maior, não mais nos iludiremos com as conquistas temporárias que o mundo oferece, que podem ser simbolizadas pela escolha de Barrabás, pois teremos conquistado o *cristo interior*, que conduzirá todas as nossas escolhas existenciais. Não mais precisaremos *lavar nossas mãos*, porquanto nosso coração e mente estarão purificados e em sintonia com a realidade superior da vida.

Quem escolhes: Jesus ou Barrabás?

---

6. Barrabás (Barabba) é um filme bíblico de 1961. Dirigido por Richard Fleischer, produzido por Dino de Laurentiis e estrelado por Anthony Quinn, foi concebido a partir da obra de ficção do escritor sueco Pär Lagerkvist, ganhador do Prêmio Nobel em 1950.

## *O remédio amargo*
### (Iris Sinoti)

*O que nos leva para a individuação é o Si-mesmo, que exige o sacrifício, sacrificando-se, de certo modo, por nós.*[7]

Qual o sentido da vida?

Talvez essa seja a pergunta mais antiga já feita pelo homem e provavelmente a única cuja resposta não é decisiva ou completa, afinal, ela muda conforme o nosso processo de autoconhecimento e de conhecimento do mundo; em resumo, ela muda conforme vivemos.

Podemos pensar que encontrar a resposta já guarde em si o próprio sentido, mas de qualquer forma existe sempre a tentativa humana de encontrar respostas "irrespondíveis". Concordo com Jung quando, ao abordar o tema, sempre observava a necessidade do paciente no momento presente, pois para ele essa não era uma questão filosófica ou teórica puramente, mas, antes de qualquer coisa, uma necessidade urgente da alma que lutava contra a neurose. Por isso mesmo ele afirmava: "Uma psiconeurose deve ser compreendida essencialmente como o sofrimento de uma alma que não descobriu o seu sentido".[8] Era e é muito claro que a maioria das pessoas que buscam ajuda psicológica – e muitas vezes médica – sofre de falta de sentido e de propósito na vida.

Por ser tão antigo esse questionamento e tão arcaica essa condição "neurótica", atravessamos os séculos carregando um vazio, um sentimento muito próximo de inutilidade, que, como ácido, corroeu a sublime relação do homem com Deus. Um homem verdadeiramente ligado à sua religiosidade jamais se perderia na escuridão de uma vida sem sentido, porque, uma vez ancorado em si mesmo, estaria ligado ao Si maior, realizando em sua própria vida a experiência da totalidade: "Eu e o Pai somos um".[9]

---

7. JUNG, C. G. *O símbolo da transformação na missa*. 1. ed. Petrópolis: Vozes, 2011, p. 81.
8. JUNG, C. G. apud WHITMONT, Edward. *Retorno da deusa*. 1. ed. São Paulo: Summus, 1991, p. 203.
9. João, 10:30.

Para realizarmos um processo de *individuação* o mais consciente possível, faz-se necessário que não percamos o entusiasmo, pois, como afirma Leonardo Boff: "Quando alguém começa a perder o entusiasmo, este logo foge ao menor trabalho e busca satisfações no mundo exterior. Quando, porém, começa verdadeiramente a vencer a si mesmo e a andar com ânimo no caminho de Deus, as coisas que antes achava onerosas lhe parecem agora leves e suportáveis".[10] Assim foi a experiência de Jesus, uma vida rica de amor, fé e sofrimento. Sim, não há processo de *individuação* sem sofrimento, não existe transformação sem a morte constante do *ego* para o renascimento de uma consciência ampliada e integrada ao inconsciente.

Seria o sofrimento de Jesus garantia suficiente da nossa libertação? Atrevo-me a responder, parafraseando Jung: "O sofrimento de Cristo é intimamente relacionado com o processo de crescimento em direção ao Si-mesmo",[11] porquanto só o próprio "pecador" pode redimir-se dos seus pecados, ou seja, o próprio homem deve assumir o seu processo de amadurecimento, e ninguém, nem mesmo Jesus, poderia fazer isso por nós.

Jesus é o nosso Modelo e Guia, e toda a Sua vida precisa ser entendida e sentida como possibilidade verdadeira do nosso encontro com o *Self*, o arquétipo da totalidade. O Filho de Deus, Jesus, precisa ser vivido como o núcleo mais profundo da nossa personalidade: "[...] Cristo vive em mim",[12] assim afirmou São Paulo.

O sofrimento é, então, o remédio amargo que tem como função curar o paciente. Ele é inerente à jornada do indivíduo que busca o autoencontro e será vivido sempre que passarmos para novas etapas na vida, pois nascemos a cada nova experiência. E, para cada nova etapa, novos sacrifícios serão exigidos, porquanto a vida passa por estágios e precisamos nos aprimorar para estarmos qualificados.

Tomemos como exemplo a borboleta: a lagarta e a borboleta são a mesma "essência", só que a lagarta não sabe disso. Mas o que vai acontecer? A crisálida! Seremos envolvidos pelos anseios da nossa própria

---

10. BOFF, Leonardo; KEMPIS, Tomás de. *Imitação de Cristo e seguimento de Jesus*. 1. ed. Petrópolis: Vozes, 2016, p. 70.
11. JUNG, C. G. *O símbolo da transformação na missa*. 5. ed. Petrópolis: Vozes, 1999, p. 45.
12. Gálatas, 2:20.

alma, e a metamorfose acontece. A borboleta alça voo, e é exatamente essa a distância entre ser lagarta e ser borboleta.

*Onde estás, quando não estás contigo? E, depois de tudo percorrido, que ganhaste se esqueceste a ti mesmo?*[13] Por todo esse tempo talvez tenhamos nos demorado muito na escuridão e por negligência ainda mantemos Jesus crucificado. Não percebemos a trave no nosso olho, agimos mal, e não reconhecemos. Sofremos com as faltas que nos fazem, e não nos ocupamos com o sofrimento que nossas faltas infligem nas pessoas. Olhar para si mesmo já nos traz como ensinamento que não devemos julgar os outros, pois que, se cuidássemos de nós mesmos como prioridade, seríamos mais espiritualizados e piedosos.

Jesus se configura o Homem Ideal, o ser humano que nascemos para ser, em toda a Sua glória. Em Sua humanidade, Jesus se aproxima de nós de uma maneira tão profunda que mudou a nossa história, porque nunca um homem penetrou tanto na alma dos outros como Jesus. Ele nos apresenta o caminho da difícil arte de humanizar-se, a importância de nos reconciliarmos com a *sombra* para seguirmos Suas pegadas.

A consciência surge com o atrito de opostos, e, sendo assim, somos seres compostos por duplos: amor e ódio, razão e emoção, gentileza e aspereza, feminino e masculino etc. Por motivos particulares, muitas vezes só damos permissão para uma polaridade em nossa vida, jogando a outra parte no inconsciente, na *sombra*, que provoca sempre efeitos destrutivos, tanto no campo psicoemocional como no corpo físico.

A arte de humanizar-se passa, necessariamente, pela reconciliação com a *sombra*, tendo em vista que na maioria das vezes acreditamos que somos bons, mas não são raras as situações em que somos surpreendidos por não praticarmos o bem que pessoas "boas" praticam. Por quê? A primeira questão talvez deva ser: a intenção de ser bom não nos torna bons; segunda questão: atender as expectativas dos outros não nos torna bons; terceira questão: esconder a *sombra* não nos torna bons. Somos obrigados a abordar a *sombra*, encontrar esse outro lado perdido para que possamos expandir nossa consciência, porquanto,

---

13. KEMPIS, Tomás de. *Imitação de Cristo*. 1. ed. São Paulo: Martin Claret, 2001, p. 51.

como já dizia Paulo, "[...] o querer está em mim, mas não consigo realizar o bem".[14] Então, muito provavelmente tenhamos que sair do nosso altar, sacrificar a *persona* de "pessoa boa", chamando-se constantemente para o diálogo interno, e desse modo poderemos nos tornar verdadeiramente humanos.

E imagino Jesus, olhando as almas na multidão, dando-nos uma belíssima lição e um acertado caminho para o convívio com nossas questões sombrias: "[...] O reino dos céus é semelhante ao homem que semeia a boa semente no seu campo; Mas, dormindo os homens, veio o seu inimigo, e semeou joio no meio do trigo, e retirou-se. E, quando a erva cresceu e frutificou, apareceu também o joio. E os servos do pai de família, indo ter com ele, disseram-lhe: Senhor, não semeaste tu, no teu campo, boa semente? Por que tem, então, joio? E ele lhes disse: Um inimigo é quem fez isso. E os servos lhe disseram: Queres pois que vamos arrancá-lo? Ele, porém, lhes disse: Não; para que, ao colher o joio, não arranqueis também o trigo com ele. Deixai crescer ambos juntos até à ceifa; e, por ocasião da ceifa, direi aos ceifeiros: Colhei primeiro o joio, e atai-o em molhos para o queimar; mas, o trigo, ajuntai-o no meu celeiro".[15]

Assim nos sentimos quando nos deparamos com aspectos sombrios. Estamos certos de que todas as sementes que plantamos em nossas almas darão bons frutos e negligenciamos os cuidados necessários, e, quando menos esperamos, surge o "joio". Comportamentos estranhos, pensamentos desconcertantes, impulsos agressivos, tristezas e sentimentos de inferioridade brotando do fundo da nossa alma. E qual é a nossa atitude imediata? Arrancar, tirar de nós.

Queremos ser bons, mas sem provar do remédio amargo. Nas escrituras do Evangelho, a alusão que Jesus faz ao "joio" se refere a uma gramínea, *lolium*, que curiosamente entrelaça suas raízes às do trigo, e arrancá-lo antes de crescer comprometeria o trigo; ou seja, na tentativa da perfeição, muitas vezes perde-se "trigo" para não ter que colher o "joio".

Recordo do trecho de uma canção:

---

14. Romanos, 7: 18.
15. Mateus, 13:24-30.

*Não existiria som/ Se não houvesse o silêncio/ Não haveria luz/ Se não fosse a escuridão./ A vida é mesmo assim/ Dia e noite, não e sim* [...].[16]

A riqueza da vida consiste exatamente no atrito entre essas forças, sendo a nossa moralidade que adubará o trigo, fazendo dele mais forte e robusto que o joio.

O processo de *individuação* não se faz com a perfeição ou a ausência do pecado, mas com o esforço do pecador em tornar-se melhor a cada dia. O sentido da vida nos direciona ao "vir a ser", o homem e a mulher essenciais, que corajosamente carregam a própria cruz, seguindo o caminho do próprio calvário, encontrarão com Ele, Jesus, o Filho de Deus, Aquele que nos ama por inteiro e, como nenhum outro homem, penetrou profundamente em nossa alma e nos conheceu tanto.

E, justamente por nos conhecer, poderá um dia repetir: "Regozijai--vos comigo, porque achei a minha ovelha que se havia perdido".[17]

---

16. SANTOS, Lulu; MOTA, Nelson. *Certas coisas*. 1 vinil. Rio de Janeiro: WEA, 1984.
17. Lucas, 15:6.

*Permite que Jesus fale pela tua voz, movimente-se pelos teus pés, sirva pelas tuas mãos e afague pelos teus braços. Então, repetirás como o apóstolo Paulo: "Já não sou quem vive, mas Cristo que vive em mim".*

•••

*Joanna de Ângelis/Divaldo Franco*

# 15

# NATAL INESQUECÍVEL

**Natal inesquecível** – *Joanna de Ângelis*
**A manjedoura interior** – *Cláudio Sinoti*
**Ele nasceu!** – *Iris Sinoti*

### Natal inesquecível
*(Joanna de Ângelis)*

Desde quando Pompeu Magno submeteu a Síria e, logo depois, Jerusalém, em guerras lamentáveis, que passaram a províncias do Império Romano, os judeus sofreram contínuos golpes da dominação a que se encontravam submetidos.

Na Galileia, surgiram com frequência profetas e messias que se atribuíam as características de grandes libertadores, gerando revoluções sempre vencidas pelas legiões em banhos de sangue e de incontáveis crucificações.

A subida de Herodes, pelos seus bajuladores chamado de o Grande, ao trono de Israel, graças a manobras políticas e muitas intrigas – não sendo judeu, mas de origem idumeia, teve o apoio da esposa Mariane, a Asmoneia, de grande valor moral, a quem realmente amou –, assinala o período de terror, enquanto tenta de todas as maneiras conquistar a simpatia do povo que lhe era hostil e ao qual também odiava.

Embelezou o Templo de Jerusalém, dedicou-se a construções faustosas, dominado pelo tormento de perder o trono, tornando-se tirano implacável que não trepidou em mandar assassinar alguns dos filhos, o irmão da esposa, afogado publicamente, e a própria rainha, que marchou para o patíbulo com dignidade até o fim, mesmo após sua mãe havê-la também acusado, com medo do genro monstruoso...

Movimentos reacionários multiplicavam-se, e todos eram esmagados com impiedade invulgar.

Israel estorcegava entre as lutas tirânicas da política perversa e o abandono a que o povo se encontrava relegado, aumentando a miséria moral e econômica de maneira avassaladora.

Foi nesse período de turbulências e insatisfações que nasceu Jesus.

Governava Roma Augusto, que se fizera protetor de Herodes, mas que lograra manter o imenso império em relativa paz, como somente ocorrera uma única vez antes.

Com o objetivo de preparar o ambiente convulsionado para o nascimento de Jesus, os missionários do amor reencarnaram-se na Terra, desde antes, de modo que a Sua Mensagem pudesse encontrar ressonância nas mentes e nos corações.

Esplendia em toda parte a bênção da paz, enquanto o monstro da guerra momentaneamente se refugiava nas furnas sombrias.

Nasceu Jesus numa noite rica de astros coruscantes para alterar por definitivo o destino da Humanidade.

Ante a música da Natureza, as vibrações angélicas, na singela gruta de Belém, o Messias de Israel e da Humanidade veio instaurar a era do amor e da permanente paz, infelizmente ainda não conseguida pelas criaturas aturdidas.

Passado o período de exaltação dos primeiros mártires, fascinados pelo amor incomparável do Mestre, as ingerências humanas a pouco e pouco alteraram completamente o conteúdo das Suas lições libertadoras e transformaram a mensagem sublime do amor em movimento político-religioso, que culminou nas lamentáveis Cruzadas, na Santa Inquisição e nas contínuas guerras pelo poder terrestre.

Embora retornassem, periodicamente, como ímpares servidores de Jesus aqueles ouvintes denominados como *os quinhentos da Galileia*, que participaram do inigualável banquete de Sua despedida, quando ascendeu às Regiões de onde viera, com o objetivo de recordar-Lhe as lições que vivenciavam, as paixões humanas sobrepuseram-se, e as dores lancinantes continuaram a ceifar sentimentos e existências incontáveis.

A *noite medieval* proporcionou um atraso à cultura científica, tecnológica e moral da Humanidade durante quase mil anos, até que o século XVII abriu espaço para a libertação do pensamento, ante os fatos constatados em contradição à teologia da *fé cega*.

O benefício, porém, redundou no surgimento do materialismo em toda a sua feição devastadora, que, de alguma forma, deu lugar à crueldade, à ausência da esperança na imortalidade, ao surgimento dos indivíduos vazios psicologicamente, em face do conceito da destruição da vida pela morte.

Nesse comenos, no fastígio do *Século das Luzes*, o Consolador Prometido chegou à Terra, fixando os seus postulados na investigação científica, ao mesmo tempo que propõe uma filosofia existencial otimista, fundamentada na reencarnação, e restaurou a ética-moral do Evangelho em toda a sua pulcritude, conforme Ele no-lo havia apresentado e vivido integralmente.

Esse renascimento da Mensagem tem conseguido alargar os conhecimentos humanos, tem propiciado a certeza na continuidade da vida além do túmulo, enquanto faculta a alegria de viver e os meios hábeis para a conquista da plenitude.

Lentamente se renova a sociedade ante a possibilidade de edificar-se o Reino de Deus no coração e esparzi-lo por toda a Humanidade, pois que essas nobres diretrizes influenciarão todas as religiões ao oferecer-lhes o que lhes falta, que são a prova de laboratório a respeito da imortalidade do Espírito, da sua comunicação com as criaturas humanas, da Justiça Divina, mediante os múltiplos renascimentos materiais e a pluralidade dos mundos habitados.

Volta-se a viver a lídima fraternidade, ao descobrir-se que o amor preconizado pelo Mestre sai das páginas da Teologia para tornar-se psicoterapia preventiva às aflições e curativas de todos os males que dominam as pessoas nos mais diversos setores em que se encontrem.

O ser humano consciente da sobrevivência conscientiza-se dos deveres que lhe dizem respeito, trabalha e esforça-se pela constante renovação moral para melhor e torna-se solidário ao seu próximo, deixando de ser solitário...

Quando a psicosfera terrestre modifica-se ante a evocação do Natal de Jesus, deixa-te arrastar pelas dúlcidas vibrações de amor que invadem a Terra e impregna-te da sua pujante irradiação.

Sai do individualismo, do consumismo, do erotismo e descobre o significado existencial legítimo que te diz respeito, enquanto drenas dos pântanos da alma os detritos e as emanações morbíficas que te têm intoxicado.

Permite que Jesus fale pela tua voz, movimente-se pelos teus pés, sirva pelas tuas mãos e afague pelos teus braços.

Então, repetirás como o apóstolo Paulo: "Já não sou quem vive, mas Cristo que vive em mim".

## *A manjedoura interior*
*(Cláudio Sinoti)*

Independentemente de qualquer crença, o Natal de Jesus se reveste de profundo significado psicológico não somente pelos aspectos familiares, religiosos e sociais que representa e que interferem de maneira significativa em nosso comportamento, mas especialmente por ser o seu protagonista o maior exemplo de vida do qual se tem notícia.[1] A partir da sua existência, a Humanidade passou a possuir o modelo de uma vida em totalidade, na inteireza das possibilidades que um ser humano pode alcançar, a ponto de Carl Gustav Jung declarar: "Um dos exemplos mais brilhantes da vida e do sentido de uma personalidade, como a história no-lo conservou, constitui a vida de Cristo".[2]

---

1. KARDEC, Allan. *O Livro dos Espíritos*. 93. ed. 1. imp. (Edição Histórica). Brasília: FEB, 2013, questão 625.
2. JUNG, C. G. *O desenvolvimento da personalidade*. 10. ed. São Paulo: Círculo do Livro, 1966, p. 255.

Por isso mesmo a *individuação* pode ser comparada a um natal interno, no qual o ser é convidado a desenvolver-se em plenitude, deixando nascer o *cristo interno* do qual se faz portador. Para que isso ocorra, o indivíduo deve estruturar-se de forma adequada, adquirindo conhecimento, valores e percepções que favoreçam o intercâmbio e a realização plena da essência que o governa: o *Self*.

Quando acompanhamos as narrativas sobre o nascimento de Jesus, atentando para os seus aspectos simbólicos, encontramos paralelos profundos com o processo de desenvolvimento da consciência, a jornada de *individuação* a que todos somos chamados a cumprir.

Tal qual Maria, avisada pelo anjo Gabriel de que seria o instrumento da vinda ao mundo de um ser sublime, também passamos pela "anunciação".[3]

Somos muito mais do que a visão estreita do *ego* nos permite enxergar, e a totalidade da psique, o *Self*, envolve-nos em um amplo programa de desenvolvimento, necessitando da estrutura adequada da personalidade para poder trazer à luz da consciência todo potencial de que é portadora. Os sonhos, a intuição, a sincronicidade, entre outros são instrumentos equivalentes a um anjo Gabriel em nós, proporcionando a ampliação da consciência através do intercâmbio de conteúdos entre essas duas instâncias: consciente e inconsciente.

Assim como Maria foi tomada por certo espanto, por não se achar preparada para ser um instrumento divino, o *ego* costuma reagir aos apelos que conclamam ao despertar. Encontrando-se imaturo, não se dá conta da grande jornada a que está destinado; tenta eximir-se da tarefa, construindo mecanismos de defesa e passando a viver sob o império das ilusões, direcionando a vida a propósitos que postergam a marcha do progresso espiritual. Mas, como esse é inevitável, surgem as crises, as dores, os desafios, que também se encontram a serviço da alma, convidando a mudanças de atitude e proporcionando aprendizado e crescimento quando bem aproveitados.

Para alguns estudiosos linguísticos, Nazaré significa "lugar de vigilância".[4] De alguma forma, essa deverá ser a postura do *ego* para que a

---

3. Lucas, 1: 26-38.
4. Disponível em: <www.christiananswers.net>.

gestação superior ocorra, pois é preciso estar atento, vigilante às oportunidades de crescimento que se sucedem a cada instante, mas nem sempre encontram sentidos atentos para percebê-las.

Precisamos nos libertar de todo tipo de ilusões, desejos e falsas necessidades, em prol de uma vida que conduza ao desenvolvimento. Simbolicamente, o campo da consciência necessita estar livre de *máculas – imaculado.* E, enquanto a tradição religiosa ancestral, em função da *sombra coletiva* que ainda envolve a sexualidade humana, ocupou-se em construir o mito da virgindade de Maria, o analista junguiano Edward Edinger[5] chama a atenção para algo muito mais importante, a *virgindade psicológica,* que "se refere a uma atitude pura, no sentido de ausência de contaminação do desejo pessoal". O *ego* deve tornar-se um "vaso" puro e cristalino, tal qual um recipiente que se prepara para receber um elixir de natureza superior e precisa manter de forma íntegra suas propriedades.

A atitude da Mãe Santíssima serve como modelo à estrutura de *ego* saudável e maduro, porque, percebendo que algo grandioso iria ocorrer, mesmo surpresa e acreditando-se pequena diante da tarefa que lhe era colocada, disponibilizou-se da seguinte forma: "Eis aqui a serva do Senhor; cumpra-se em mim segundo a tua palavra".[6]

Em nossa "anunciação", o *ego* é chamado a cumprir a sua função principal: ser o servo da totalidade, o *Self,* e direcionar todos os esforços necessários para que se cumpra a jornada de *individuação.* Preparando-se e predispondo-se a tal, irá declarar: "Que se cumpra em mim, na instância da consciência, independentemente dos meus desejos e limitações, os propósitos superiores da alma". Quando aceitamos conscientemente o convite à transformação e ao desenvolvimento, uma nova etapa se desdobra.

De Nazaré a Belém,[7] eis o caminho percorrido por José e Maria para poderem se apresentar ao censo exigido pelas autoridades. Foram quase 150km de viagem, segundo estimativas de estudiosos,[8] subindo

---

5. EDINGER, Edward F. *O arquétipo cristão.* 14. ed. São Paulo: Cultrix, 1995, p. 27.
6. Lucas, 1:38.
7. Lucas, 2: 1-5.
8. Disponível em: <un.org/Depts/dpi/bethlehem2000/doc6d.html>.

e descendo montanhas, enfrentando temperaturas adversas e sendo ameaçados pelos perigos da estrada, fatores agravados pela gestação em estado avançado.

Também nós temos uma estrada a percorrer a caminho da iluminação, na qual a vontade e o esforço próprio serão forças essenciais. Somos convidados a descobrir energias e qualidades que não acreditávamos possuir, e para isso temos que desenvolver o hábito de escutar a alma, ampliando os nossos sentidos de percepção. Muitas vezes se intensificam os desafios externos, na forma de responsabilidades familiares e sociais, e mesmo assim somos conclamados a prosseguir para não perder o foco da jornada principal. E a jornada prossegue, independentemente da vontade do *ego*, pois a "semente" do *Self* impulsiona de forma contínua e gradual o desbravar da consciência.

Nossa viagem, no entanto, não é para fora, mas para o interior de nós mesmos, e é nesse mundo pouco explorado que encontraremos as montanhas de conflitos que criamos e que deveremos solucionar com as forças de que já dispomos, porquanto eles se tornam uma névoa que dificulta a visão clara dos objetivos existenciais; deparar-nos-emos com a instabilidade das próprias emoções, que necessitam ser conhecidas e trabalhadas para que possam ser bem canalizadas; e o "perigo" que nos rondará por todo o percurso não virá de fora, na condição de inimigos externos, mas sim da própria *sombra*, que, enquanto desconhecida, é tida como inimiga e atua de forma destruidora, e por isso mesmo deve ser trazida à luz da consciência, porquanto, somente integrando essa parte importante do nosso ser, disporemos das forças necessárias para chegar ao nosso destino.

Precisamos trilhar essa estrada, harmonizar esse espaço interno, promovendo todas as transformações necessárias para que o *parto do Si-mesmo* possa acontecer.

E lá chegando, ninguém se dispôs a abrigá-los, estando livre apenas uma singela manjedoura.[9]

De maneira equivalente ocorre com aqueles que desejam seguir de forma consciente o curso da *individuação*, não devendo aguardar

---

9. Lucas, 2:7.

aplausos nem reconhecimentos coletivos. Não se deve esperar que as portas se abram com facilidade, nem que o apoio chegue de toda parte. Muitas vezes ocorre justamente o contrário, pois que, em uma cultura egoica e individualista, embora com as louváveis exceções, os que ousam transpor as barreiras do egocentrismo, ampliando a consciência e tornando-se altruístas, são comumente banidos, ridicularizados, às vezes violentados e mortos, porquanto, em um mundo onde a *sombra* ainda tem primazia, a conquista da luz ainda cega os olhos da maioria. Como bem cita Edinger:[10] "Não há espaço neste mundo para o nascimento do *Si-mesmo*", por isso mesmo ele precisa do nosso mundo interno muito bem estruturado para que sua gestação ocorra.

Essa passagem às vezes gera certo desconforto, ao pensarmos que aquele que mudaria o destino do mundo, que era todo amor e bondade, não recebeu acolhida para seu nascimento. No entanto, se trouxermos a questão para o nosso mundo íntimo, será que ainda não ocorre o mesmo? Será que o *cristo interno* encontra o espaço necessário em nossas vidas para nascer, crescer e tornar-se pleno, ou as ilusões do *ego* ainda têm muito mais espaço? Será que o lugar do sublime em nós não se assemelha ainda a uma gruta escondida, um recanto remoto somente acessado nos momentos de desespero? Se assim ocorre, Cristo continua não tendo espaço para ser acolhido e abrigado, e ainda não pode nascer em nosso mundo íntimo.

Por isso mesmo necessitamos mais do que nunca construir a nossa *manjedoura interior*, espaço sagrado e de silêncio, no qual possamos acessar a fonte profunda de que somos formados, mas que com o tumulto de fora acabamos por negligenciar. É paradoxal dar-se conta de que em um mundo de tanta conectividade terminamos por nos desconectar do principal: a nossa essência.

Nesse espaço, teremos os animais como companhia, simbolizando que todas as forças instintivas estarão em perfeita harmonia. Nossos "bichos" internos estarão pacificados. A festa não será para fora, nem virá do mundo exterior, porque, portadores do júbilo interno, não mais necessitaremos exaltar a *persona*, as máscaras do nosso *ego*. Não estaremos preocupados com os aplausos nem com as expectativas

---

10. EDINGER, Edward F. Op. cit., p. 27.

EM BUSCA DA ILUMINAÇÃO INTERIOR

a nosso respeito, porquanto estaremos em sintonia com o divino que existe em nós.

Quando assim fizermos, realizaremos o que Jung, de forma inspirada, propôs ao dizer que "o *ego* deve transformar-se em uma manjedoura na qual nasça o Menino Jesus, o núcleo divino em nós".[11]

E a estrela cósmica brilhará de forma mais intensa nessa noite, porque todo ser que se ilumina reanima a presença do Natal de Jesus, que aguarda espaço em nosso mundo íntimo, o verdadeiro *Reino,* onde ele, o Mestre dos mestres, deseja habitar e reinar.

## *Ele nasceu!*
### (Iris Sinoti)

Ele nasceu. Não muito diferente do momento atual, não se encontrava lugar para o seu nascimento. É muito difícil achar um lugar "neste mundo moderno" para o nascimento do *Si-mesmo*. Como aquele pequeno Menino, a individualidade maior não consegue estabelecer-se "aqui", pois o estado "normal" e "aceitável" das coisas não o reconhece e prontamente o rejeita. É preciso muita determinação, integridade e maturidade para atendermos essa designação.

De fato, desde o Seu nascimento Jesus confirmava que Seu Reino não era deste mundo,[12] pois tornar-se individualidade exige que se encontrem "razões" em algum lugar além do alcance da percepção do *ego*, caso contrário termina por se submeter à demanda diminuta, falsa e limitadora que tenta a todo custo (da *individuação consciente*, principalmente) convencer-se que o que é realmente importante pode e deve ser evitado, e o que é supérfluo é necessário e merece energia e esforço; em resumo, que o sentido da existência deve ser direcionado para o atendimento e manutenção da segurança do *ego*. Ele, Jesus, o *Si-mesmo* em nós, causa um alargamento na consciência, pois inevitavelmente os valores serão reorientados, sendo impossível não sermos impactados por esse encontro.

---

11. JUNG, C. G. apud EDINGER, Edward F. Op. cit., p. 31.
12. João, 18:36.

É um grande atrevimento pensar em mudança de mundo e paradigmas quando o ponto referencial se encontra do lado de fora do indivíduo, pois que, se o olhar só busca respostas fora, se ainda existe necessidade de aprovação e se o que realmente representa valor é o que se possui materialmente, nada será alterado efetivamente. É através do encontro com o *Si-mesmo*, o Cristo que nasce em nós, que poderemos reconhecer o verdadeiro reino, tomar posse dele e nos transformarmos.

Como afirma Jung:[13] "O nascimento do *Si-mesmo* produz esse ponto de referência, mediante a geração da experiência incontestável de uma relação intensamente pessoal e recíproca entre o homem e a autoridade extramundana, que atua como um contrapeso com relação ao 'mundo' e à sua 'razão'". Autoridade extramundana que existe e sempre existiu em nós e que infelizmente, na maioria das vezes, não é percebida, não é ouvida nem validada na existência humana. Verdadeiramente o "mundo" possuirá o valor atribuído a ele pelo indivíduo, e se o direcionamento do olhar estiver sempre para fora em vez de voltar-se para dentro, se a busca for por uma "vida boa", então ele ditará o nosso destino, determinará os valores e conduzirá o caminho para o nada.

Mas, se porventura a busca for por uma realização profunda, mergulharemos na gruta interna e visitaremos a nós mesmos com toda a humildade que possamos encontrar, assim como os pastores visitaram o Cristo, para dialogarmos e integrarmos nossas partes desprezadas, e só assim poderemos reconhecer a nossa verdadeira grandeza.

E como reconhecer que somos grandes? Ao nascer, Jesus foi visitado por magos, como podemos encontrar no Evangelho: "Tendo, pois, nascido Jesus em Belém de Judá, no tempo do rei Herodes, eis que uns magos chegaram do Oriente a Jerusalém, dizendo: Onde está o rei dos judeus, porque nós vimos a sua estrela no Oriente, e viemos adorá-lo".[14] As estrelas têm por característica natural a capacidade de luminar, como pequenos faróis que atravessam a noite do inconsciente, mostrando que, no mais escuro em nós, pequenas joias são capazes de atrair aspectos grandiosos também desconhecidos, que irão compor

---

13. JUNG, C. G. *Entrevistas e encontros*. 1. ed. São Paulo: Cultrix, 1977, p. 106.
14. Mateus, 2:1-16.

em nossa personalidade em construção atributos valiosos ao desenvolvimento do *Si-mesmo*.

Fazer a nossa "luz brilhar" não significa uma perfeição conquistada, mas ser capaz de buscar a harmonia com seu próprio mistério e assim poder resplandecer a sua luz, como narra Jung em um dos seus sonhos: "[...] Mesmo que pequena e frágil em comparação com os poderes das trevas, ela ainda é uma luz, a minha única luz".[15] Luz que atrai os nossos "Reis Magos", que podem representar a vontade de autonomia, o governo sobre si mesmo que possibilita a busca pelo conhecimento integral, o impulso natural para a *individuação* que mobilizará toda a energia necessária para a realização do *Si-mesmo*.

Na mitologia, todo grande nascimento ocorre cercado de grandes ameaças, assim todo herói tem, desde o começo, que lutar pela própria sobrevivência. Todo o movimento interno que impulsiona para uma nova vida sofre com a força oposta e regressiva, que clama por mantermos tudo do jeito que já conhecemos, ou seja, por mais que queiramos mudar, se não formos determinados e corajosos o suficiente, manteremos tudo como sempre foi.

No campo externo também não é diferente, toda nova ideia sempre esbarra na tentativa de manutenção das coisas, a inércia, e, assim como Isaac Newton descobriu na Física a Lei de Inércia, percebe-se na prática que, se estamos inertes na vida, tenderemos a continuar da mesma forma. Desse modo, a autoridade maior, o *Si-mesmo*, Cristo em nós, ainda recém-nascido, sofre ameaça imensa, porque, para onde quer que tenhamos dirigido nossa energia, aquilo que alimentamos e damos força se sente ameaçado por esse novo impulso.

Basta observarmos os períodos de mudanças e grandes decisões em nossas vidas e provavelmente recordaremos da luta travada internamente para que não acontecesse o que precisava acontecer, além, é claro, dos enfrentamentos externos. Tudo isso é decorrente do nosso desconhecimento de quem somos, e portanto deveremos nos perguntar: o que não sei sobre mim? Essa pergunta é importante, pois provavel-

---

15. JUNG, C. G. apud ZWEIG, Connie. *Ao encontro da sombra*. 13. ed. São Paulo: Cultrix, 2010, p. 16.

mente essa parte desconhecida travará luta incansável conosco, tentará nos manter no carrossel dos complexos e principalmente nos iludirá com a possibilidade de que nossas vontades infantis devem ser atendidas; para piorar, postergaremos o que precisa ser feito, acreditando que com isso estaremos fugindo da dor necessária para o nascimento de uma nova consciência.

Sabemos que, no período do nascimento de Jesus, Herodes, o rei da Judeia, ordenou o massacre dos inocentes, fato esse que levou José, Maria e Jesus para o Egito. O nascimento do *Si-mesmo* causa uma revolução ou, em muitos casos, o aniquilamento da acomodação, e isso normalmente é entendido pelo *ego* como uma violência. Essa violência pode se manifestar de várias maneiras, como no sonho a seguir: uma mulher sonha que se encontra na casa de amigos e, em um anexo da residência, ela dá à luz uma menina. Essa mulher tem uma preocupação muito grande em não levar a criança para a casa dos amigos, pois acredita que estes não gostariam de tê-la em sua casa, então resolve deixar a criança no anexo, indo logo após conviver com seus amigos, e, mesmo preocupada por saber que a criança estaria com fome, não fica com a criança.

Entre os vários aspectos simbólicos desse sonho, desejo enfatizar a importância demasiada aos amigos (coletivo) em detrimento da recém-nascida; sacrificar os benefícios da aceitação coletiva por vezes é visto pelo *ego* como uma grande violência. Assumir quem se é verdadeiramente exige caminhar muitas vezes numa direção oposta ao senso comum, caso contrário a *individuação* permanece incompleta. No sonho, a atitude do *ego* (a sonhadora) é não alimentar essa força arquetípica para a nova vida (a recém-nascida), o que muito provavelmente é a atitude na vida consciente, por conta da sua dificuldade em abraçar e alimentar seu potencial, direcionando a vida para um sentido mais profundo. James Hollis[16] atesta essa teoria ao afirmar que: "Quando uma criança aparece no sonho, pode muito bem ser um sinal de uma possibilidade que já existe na psique, mas que é negada ou simplesmente está inconsciente".

---

16. HOLLIS, James. *Mitologemas: encarnações do mundo invisível.* 1. ed. São Paulo: Paulus, 2005, p. 47.

EM BUSCA DA ILUMINAÇÃO INTERIOR

E o que acontece com toda essa energia disponível? É desviada e às vezes assimilada pelo *ego* sob a forma de ostentação e poder.

Porém, e Herodes? Que força é essa que existe em nós que pode nos destruir? Herodes era rei e, como todo rei, tinha poder. Sempre que nos encontramos na iminência de grandes acontecimentos, entramos no risco da inflação, e o *ego* inflado passa a acreditar que pode e deve determinar o que é certo ou errado, não aceitando nenhuma autoridade que não seja a sua, mesmo que essa autoridade seja o *Self*. O *ego*, então, perdendo a medida, identifica-se com o *Self*, atribui-se qualidades que ainda não desenvolveu e passa a acreditar que tudo pode, inclusive impedir o progresso.

A criança, como símbolo arquetípico do novo, chega carregando uma nova possibilidade de vida, e é justamente por isso ameaçada pela velha ordem. Em muitas estórias, contos e mitos, sempre a criança é salva ou carregada por elementos insignificantes ou pequenas criaturas, e na história de Jesus foi justamente um burrico que ajudou na fuga para o Egito. O burro, símbolo da firmeza, confiança e humildade, personifica valores morais necessários para o estabelecimento de uma nova atitude perante a vida. A firmeza, para que não nos desviemos do caminho, porque não raras vezes somos permissivos com os erros ou rígidos com a mudança, o que nos "emperra" no meio do caminho. Por isso precisamos de confiança e humildade.

Confiança, pois sabemos que muitos erros já foram cometidos por nós, e isso pode causar uma descrença na própria capacidade de sucesso; noutras vezes a imaturidade diminui a capacidade de suportar as frustrações, e para não errar prefere-se não tentar, o que afeta terrivelmente a capacidade de persistir no ideal. Sem persistência o processo de autotransformação não acontece, porquanto o *Si-mesmo* precisa que a autoconfiança, a crença em si mesmo, seja sólida.

A humildade, capacidade de olhar para si dentro de uma perspectiva realista, sem mais nem menos, torna possível enxergar-se humano, falível e ao mesmo tempo grandioso e capaz de realizar-se; são esses atributos importantes para chegarmos ao "Egito".

Foi um sonho que fez José sair de Belém e dirigir-se ao Egito, passando pela difícil viagem no deserto do Sinai. Aqui, o deserto interior se faz necessário, a própria psique conduz o ser em crescimento ao enfrentamento com seus medos e dores escondidas para poder encontrar os oásis interiores. O deserto não é a nossa meta, mas apenas passagem, só não sabemos por quanto tempo a travessia durará. Contudo, o Egito nos aguarda, e, ao passarmos pelas dificuldades da noite escura (inconsciente) e do sol escaldante (consciência), nesse jogo dos opostos, necessário para o amadurecimento, venceremos os medos e as ilusões sobre quem somos, saciaremos a nossa sede de nós mesmos. Assim, o Egito, a "terra do solo negro", será o nosso lugar fecundo onde o *Si-mesmo*, a nova vida, fortalecer-se-á para o futuro glorioso que a todos nós espera.

Tudo isso porque Ele nasceu!

# REFERÊNCIAS

ALVES, Rubem. **A complicada arte de ver**. Folha de S. Paulo, Sinapse, 26 out. 2004. Disponível em: <http://www1.folha.uol.com.br/folha/sinapse/ult1063u947.shtml>.

ÁVILA, Teresa de. **Castelo interior ou moradas**. São Paulo: Editora Paulus, 2010.

BAUM, L. Frank. **O Mágico de Oz**. 1. ed. Editora Zahar, 2013.

BILAC, Olavo. **Antologia poética**. Porto Alegre: L&PM, 2012.

CHARDIN, Teilhard de. **O fenômeno humano**. 9. ed. Editora Cultrix, 2004.

CHEREM, Carlos Eduardo. **Nunca é tarde para aprender**: mulher de 97 anos se forma em direito em MG. UOL Educação, 18 jul. 2014. Disponível em: <https://educacao.uol.com.br/noticias/2014/07/18/nunca-e-tarde-para-aprender-mulher-de-97-anos-se-forma-em-direito-em-mg.htm>.

COSMOS [série]. Direção: Adrian Malone. Produção: Kcet e Carl Sagan Productions. Edição: Cosmos Studios. EUA, 1980.

DEBORD, Guy. **A sociedade do espetáculo**. 1. ed. Rio de Janeiro: Contraponto, 1997.

D'ORS, Pablo. **A biografia do silêncio**. Edições Paulinas, 2014.

EDINGER, Edward F. **Ego e arquétipo**. 10. ed. São Paulo: Cultrix, 1989.

EDINGER, Edward F. **O arquétipo cristão**. 14. ed. São Paulo: Cultrix, 1995.

EINSTEIN, Albert. **Como vejo o mundo**. 1. ed. Rio de Janeiro: Editora Nova Fronteira, 2015.

EPICTETO. **A arte de viver**. Rio de Janeiro: Sextante, 2000.

FRANCO, Divaldo; PASTORINO, Carlos T. [Espírito]. **Impermanência e imortalidade**. Brasília: FEB, 2004.

FRANCO, Divaldo; ÂNGELIS, Joanna de [Espírito]. **Vida feliz**. Salvador: LEAL, 2017.

FRANCO, Divaldo; ÂNGELIS, Joanna de [Espírito]. **O despertar do Espírito**. 9. ed. Salvador: LEAL, 2013.

FRANCO, Divaldo; Rodrigues, Amélia [Espírito]. **Pelos caminhos de Jesus**. 8. ed. Salvador: LEAL, 2015.

FRANKL, Viktor E. **Em busca de sentido**. 2. ed. Petrópolis: Editora Vozes, 1985.

FRANZ, Marie-Louise von. **Paixão de Perpétua: uma interpretação psicológica de suas visões**. 1. ed. Produção independente, 2009.

FREUD, Sigmund. **O mal-estar na civilização**. São Paulo: Penguin Classics Companhia das Letras, 2011, Introdução.

HILLMAN, James. **O código do ser – uma busca do caráter e da vocação pessoal**. 1. ed. Rio de Janeiro: Objetiva, 1997.

HILLMAN, J.; SHAMDASANI, S. **Lamento dos mortos**: a psicologia depois de O Livro Vermelho de Jung. 1. ed. Petrópolis: Editora Vozes, 2015.

HILLESUM, Etty. **Etty: The Letters and Diaries of Etty Hillesum, 1941-1943**. Disponível em: <http://tekobooks.com/isbn=08028395 92.html>.

HIPONA, Agostinho de. **Confissões**. 20. ed. Bragança Paulista: Editora Universitária São Francisco, 2005.

HOLLIS, James. **A passagem do meio: da miséria ao significado da meia-idade**. São Paulo: Editora Paulus, 2004.

_____. **Encontrando significado na segunda metade da vida**. São Paulo: Editora Novo Século, 2011.

_____. **Mitologemas: encarnações do mundo invisível.** 1. ed. São Paulo: Paulus, 2005.

EM BUSCA DA ILUMINAÇÃO INTERIOR

_____. **O projeto Éden: a busca do outro mágico**. São Paulo: Editora Paulus, 2002.

_____. **Os pantanais da alma**. São Paulo: Editora Paulus, 1998.

HOUAISS, Antônio. **Dicionário Houaiss da Língua Portuguesa**. Rio de Janeiro: Editora Objetiva, 2001.

JUNG, C.G. **Aion: estudos sobre o simbolismo do si-mesmo**. Petrópolis: Editora Vozes, 1986.

_____. **A prática da psicoterapia**. Petrópolis: Editora Vozes, 2004.

_____. **A vida simbólica**. Petrópolis: Editora Vozes, 2000.

_____. **Cartas, vol. 1**. Petrópolis: Editora Vozes, 1999.

_____. **Cartas, vol. 2**. Petrópolis: Editora Vozes, 2002.

_____. **Entrevistas e encontros**. 1. ed. São Paulo: Cultrix, 1977.

_____. **Escritos diversos**. 1. ed. Petrópolis: Editora Vozes, 2003.

_____. **Freud e a Psicanálise**. Petrópolis: Editora Vozes, 1998.

_____. **Memórias, sonhos e reflexões**. Rio de Janeiro: Editora Nova Fronteira, 1975.

_____. **O Eu e o inconsciente**. Petrópolis: Editora Vozes, 2003.

_____. **O desenvolvimento da personalidade**. 10. ed. São Paulo: Círculo do Livro, 1966.

_____. **O símbolo da transformação na missa**. 5. ed. Petrópolis: Editora Vozes, 1999.

_____. **Presente e futuro**. 4. ed. Petrópolis: Editora Vozes, 1999.

_____. **Psicologia e Alquimia**. Petrópolis: Editora Vozes, 2009.

_____. **Psicologia do inconsciente**. Petrópolis: Editora Vozes, 1987.

_____. **Psicologia e Religião**. Petrópolis: Editora Vozes, 1999.

_____. **Símbolos da transformação**. 4. ed. Petrópolis: Editora Vozes, 1986.

JOBIM, Tom. **Águas de março**. In: JOBIM, Tom; BOSCO, João. **Disco de bolso: o tom de Jobim e o tal de João Bosco**. 1 vinil. Rio de Janeiro: Zem Produtora Cinematográfica e Editora Musical Ltda., 1972.

KARDEC, Allan. **Obras póstumas**. Brasília: FEB, 2003, item 10.

KARDEC, Allan. **O Evangelho segundo o Espiritismo**. 131. ed. Brasília: FEB, 2013. Cap. XXVI, item 10.

KARDEC, Allan. **O Livro dos Espíritos**. 93. ed. 1. imp. (Edição Histórica). Brasília: FEB, 2013, questão 625.

KEMPIS, Tomás de. **Imitação de Cristo**. 1. ed. São Paulo: Martin Claret, 2001.

LASCH, Christopher. **A cultura do narcisismo**: a vida americana numa era de esperanças em declínio. Rio de Janeiro: Imago, 1983.

LUFT, Lya. **Perdas e ganhos**. Rio de Janeiro: Editora Record, 2004.

MAY, Rollo. **O homem à procura de si mesmo**. 33. ed. Petrópolis: Editora Vozes, 2002.

MARX, Karl. **Crítica da filosofia do direito de Hegel**. 2. ed. São Paulo: Boitempo, 2010.

MASLOW, Abraham H. **Introdução à psicologia do ser**. 1. ed. Livraria Eldorado Tijuca Ltda., 1970.

MENDES, Miguel Gonçalves. **José e Pilar – conversas inéditas.** 1. ed. São Paulo: Editora Companhia das Letras, 2012.

MLODINOW, Leonard. **De primatas a astronautas.** Rio de Janeiro: Editora Zahar, 2015.

NEUMAMNN, Erich. **Psicologia profunda e nova ética**. Edições Paulinas, 1991.

NIETZSCHE, Friedrich. **Assim falou Zaratustra**. Versão para e-book (e-BooksBrasil.com) – Fonte Digital, 2002.

PLATÃO. **Apologia de Sócrates**. 1. ed. São Paulo: Martin Claret, 2001.

REVEL, Jean-François. **O conhecimento inútil**. 1. ed. Editora Planeta, 1988.

RILKE, Rainer Maria. **Cartas a um jovem poeta**. 1. ed. Porto Alegre: L&PM Editores, 2006.

ROJAS, Enrique. **O homem moderno: a luta contra o vazio**. 2. ed. Curitiba: Editora e Livraria do Chain, 2013.

SAINT-EXUPÉRY, Antoine de. **O pequeno príncipe**. 6. ed. São Paulo: Editora Geração, 2016.

SANTOS, Lulu; MOTA, Nelson. **Certas coisas**. 1 vinil. Rio de Janeiro: WEA, 1984.

SGARBOSSA, Mario; GIOVANINNI, Luigi. **Um santo para cada dia**. 1. ed. São Paulo: Paulus, 1983.

SHARP, Daryl. **Léxico junguiano**. São Paulo: Cultrix, 1997.

SIEGEL, Bernie. **Amor, medicina e milagres**. 1. ed. São Paulo: Editora Best Seller, 1989.

SÓFOCLES. **Édipo rei**. 1. ed. São Paulo: Editora Martin Claret, 2007.

STEPHANIDES, Menelaos. **Jasão e os Argonautas**. São Paulo: Odysseus, 2000.

WEIL, Pierre; LELOUP, Jean; CREMA, Roberto. **Normose – a patologia da normalidade**. Petrópolis: Editora Vozes, 2011.

WHITE, Michael. **O Papa e o herege: Giordano Bruno, a verdadeira história do homem que desafiou a Inquisição**. Tradução de Maria Beatriz Medina. Rio de Janeiro: Editora Record, 2003.

WHITMONT, Edward. **Retorno da deusa**. 1. ed. São Paulo: Summus, 1991.

WICKEL, Erna. **Do inconsciente a Deus**. Edições Paulinas, 1985.

WILDE, Oscar. **O retrato de Dorian Gray**. Edição Integral. São Paulo: Nova Cultural, 1996.